TÖKÉLETESSÉG
HELYETT HIT

Bibliography:

Hamilton, Victor P. *Handbook on the Pentateuch, Second Edition*. Grand Rapids, Michigan: Baker Academic, 2005.

Ross, Allen P. *Creation and Blessing: A Guide to the Study and Exposition of the Book of Genesis*. Grand Rapids, Michigan: Baker Book House, 1998.

A SZERESD NAGYON ISTENT
CSAPATÁBAN IGAZI, HITELES NŐKET
TALÁLSZ. NŐKET, AKIK TÖKÉLETLENEK,
DE BOCSÁNATOT NYERTEK.

Nőket, akik egyre kevesebbet várnak másoktól,
de annál többet Jézustól. Nőket, akik szeretnék
megismerni Istent Igéje által, mert tudják, hogy
az Igazság átformál és szabaddá tesz. Nőket, akik
együtt jobbak, akik Isten Igéjével vannak tele és
közösségre vágynak egymással.
Üdvözlünk barátunk!

Nagyon örülünk, hogy itt vagy...

TARTALOM

ISTEN HOZOTT!

Nagyon örülünk, hogy úgy döntöttél, csatlakozol ehhez a Bibliatanulmányhoz! Először is szeretném, ha tudnád, hogy imádkoztunk érted! Nem a véletlen műve, hogy pont ebben a tanulmányban veszel részt.

Azért imádkozunk, hogy közelebb kerülj az Úrhoz, amint naponta egyre mélyebbre ásol Igéjében. Imádkozunk, hogy Isten Igéjének olvasása közben még jobban szeress Belé, miközben fejlődsz a napi elmélyülésben.

Mielőtt elolvasod a kijelölt igeszakaszt, imádkozz és kérd Istent, hogy segítsen megérteni az olvasottakat! Hívd, hogy szóljon hozzád Igéje által! Aztán pedig figyelj. Isten dolga az, hogy szóljon hozzád, a tiéd pedig, hogy figyelj és engedelmeskedj.

Szánj időt arra, hogy a kijelölt verseket többször is elolvasd. A Példabeszédek könyvében azt olvassuk, hogy keressünk, kutassunk és találni fogunk: „ha úgy keresed azt, mint az ezüstöt, és úgy kutatod, mint az elrejtett kincseket, akkor megérted," (Példabeszédek 2:4-5)

Mindannyian – a *Szeresd Nagyon Istent* csapatában – már alig várjuk, hogy elkezdjük és reméljük, találkozunk a célnál. Tarts ki, légy állhatatos, fusd meg a pályát, ne add fel! Fejezd be jól, amit ma elkezdesz! Minden lépésnél melletted állunk és drukkolunk neked! Együtt harcoljuk meg, hogy korán kelünk, félretesszük a napi stresszt, egyedül nekiülünk, hogy időt töltsünk Isten Igéjében. Alig várom, hogy lássam, mit tartogat Isten számunkra ez alatt a tanulmány alatt. Tarts velünk azon az úton, ahol az életünkkel tanuljuk Istent nagyon szeretni!!!

Ahogy a tanulmányban haladunk, használjuk együtt a következő anyagokat:

Heti blogbejegyzések •

Heti memoriter •

Heti kihívások •

Facebook, Instagram •

szeresdnagyonistent.hu •

TANULMÁNYI ANYAGOK

Csatlakozz hozzánk

ONLINE

szeresdnagyonistent.hu

BOLT

lovegodgreatly.com/store

FACEBOOK

Szeresd Nagyon Istent – LGG Hungary

INSTAGRAM

instagram.com/szeresdnagyonistent

TWITTER

@_LoveGodGreatly

TÖLTSD LE ALKALMAZÁSUNKAT

bible.com/hu
Itt keress rá a tervek között név szerint a tanulmányra.

LÉPJ VELÜNK KAPCSOLATBA

lgghungary@gmail.com

KAPCSOLÓDJ

#LoveGodGreatly

TIMOTHY
A LOVE GOD GREATLY JOURNAL
1&2 TIMOTHY STUDY
Living Out the Gospel

SZERESD
NAGYON
ISTENT

A *Szeresd Nagyon Istent* olyan nők közössége, akik különböző technológiai eszközöket használnak arra, hogy Isten Igéjének tanulmányozásában elszámoltathatók legyenek egymásnak. Egy egyszerű Bibliaolvasó tervvel kezdjük, de itt még nincs vége.

Néhányan otthonokban, és helyi gyülekezetekben gyűlnek össze, mások a világhálón lépnek kapcsolatba más nőkkel az egész Földet átszelve. Bármi legyen is a módszer, mi kart karba öltve azért a célért gyűlünk össze, hogy Szeressük Nagyon Istent az életünkkel.

Megfontolnád emiatt, hogy nyiss mások felé és valakivel együtt tanulmányozz ez alkalommal?

A mai felgyorsult, technológia által irányított világunkban, Isten Igéjét könnyű lenne elszigetelt környezetben tanulmányozni, bátorítás és a támogatás nélkül, de nem ez a célunk itt, a *Szeresd Nagyon Istent* közösségben. Isten arra teremtett minket, hogy közösségben éljünk Vele és azokkal, akik körülöttünk élnek.

Szükségünk van egymásra, és jobban éljük az életünket együtt. Megfontolnád emiatt, hogy nyiss mások felé és valakivel együtt tanulmányozz ez alkalommal?

Nyugodt lehetsz benne, hogy mi is melletted fogunk tanulmányozni – veled együtt tanulva, szurkolva neked, élvezve a drága közösséget egymással, és fülig érő mosollyal nézve azt, ahogyan Isten egységbe von nőket – szándékosan összekapcsolva szíveket, és elméket az Ő dicsőségére.

Tehát itt a kihívás: hívd édesanyádat, testvéredet, nagymamádat, a szomszéd lányt, vagy a főiskolai barátnődet az ország bármelyik pontján. Fogj egy csapat lányt a gyülekezetedben vagy a munkahelyeden, vagy találkozz egy kávézóban olyan barátokkal, akiket mindig szerettél volna jobban megismerni.

Kart karba öltve, kéz a kézben, álljunk neki ennek együtt.

9-10

Scripture

WRITE
OUT THE
SCRIPTURE
PASSAGE
FOR THE
DAY.

The Lord said to Paul
by a vision in the night
" Do not be afraid, but speak
and do not be silent, because
I am with you ←

Observations

WRITE
DOWN 1 OR 2
OBSERVATIONS
FROM THE
PASSAGE

IMÁK
BIBLIATANULMÁNYOZÁSI
MÓDSZER

MIRŐL VAN SZÓ ÉS EZ MIÉRT FONTOS?

Mi, a *Szeresd Nagyon Istent* szolgálói, hisszük, hogy Isten Igéje élő és ható. Hisszük, hogy az Ige szavai kultúrától és időszaktól függetlenül hatalmasak, valóságosak és relevánsak az életünkben. Azzal is tisztában vagyunk, hogy a Bibliát egy adott kultúra adott közönségének írták egy adott időben. Úgy gondoljuk, hogy a Biblia helyes értelmezéséhez meg kell értenünk azt a kultúrát és kontextust, amelyben az eredeti szöveg született, ezért Bibliaolvasás során az IMÁK bibliatanulmányozási módszert alkalmazzuk.

Az IMÁK-módszer legfontosabb eleme azonban a TE kapcsolatod a Bibliával és az, ahogyan annak tanításait alkalmazod az életedben.

Ez a mozaikszó négy kifejezésre utal: Igevers, Megfigyelés, Átültetés és Köszönet, vagy Kérés, azonban ha egyszerűen akarjuk kifejezni, akkor csak az Ige olvasásának egy módjáról van szó. Ahogy kapcsolatba kerülsz a Bibliával, és szándékosan lelassítasz, időt szánva a gondolkodásra, az igazság szinte kikiált majd a papírról. Az IMÁK-módszer segít mélyebbre ásni és többet kapni annál, mint amit a felületes olvasás nyújthat. Lehetővé teszi, hogy ne csupán hallgatói, de cselekvői is legyünk annak, amit olvasunk (Jakab 1:22).

Ebben a tanulmányban minden napra találsz kijelölt olvasnivalót, illetve néhány olyan igeverset, amelyekkel gyakorolhatod az IMÁK-módszert. Ez úgy működik, hogy elolvasunk egy részt a Bibliából, majd annak bizonyos részein alkalmazzuk a módszert. Úgy gondoljuk, hogy így sokkal több tudást gyűjthetünk a Biblia olvasása során, ezt pedig később hatékonyabban tudjuk alkalmazni a gyakorlatban.

Az IMÁK-módszer legfontosabb eleme azonban a TE kapcsolatod a Bibliával és az, ahogyan annak tanításait alkalmazod az életedben. Az Isten Szavával töltött idő sosem vész kárba, hiszen ez valami olyasmi, ami hatalommal bír és a te életedben is változást hoz majd. Szánd rá az időt, hogy gondosan tanulmányozd, felfedezve az igazságot Isten személyéről és a szívéről, amely az emberekért dobog.

Arra bátorítunk, hogy napi bibliatanulmányozásaid során alkalmazd az IMÁK-módszert az adott szakaszok esetén.

IMÁK-MÓDSZER *(FOLYTATÁS)*

I, MINT IGEVERS.

Legalább egyszer írd le az igeverseket.

Lassíts le, és másold ki az adott részt a Bibliából. Közben koncentrálj arra, amit éppen írsz.

Az sem árthat, ha ezt többször megismétled.

M, MINT MEGFIGYELÉS.

Szánd rá az időt, hogy gondosan tanulmányozd a szöveget.

Mit veszel észre a mára kijelölt részben? Ki lehetett a célközönség? Kihez beszél az író? Milyen kulturális tényezők játszhattak még szerepet a szöveg kialakításában? Vannak olyan szavak vagy témák, amelyek többször megismétlődnek? Milyen irodalmi eszközöket használt az író?

HÉTFŐ

OLVASD EL:
1 Timóteus 1:1-7

IMÁK:
1 Timóteus 1:5-7

Igevers

MÁSOLD LE A NAPI IGEVERSEKET A BIBLIÁDBÓL.

...mivel hallottunk a Krisztus Jézusba vetett hitetekről és a benneteket lévő minden szent iránti szeretetről mennyben számotokra készen álló reménységért, amelyről már korábban hallottatok az evangélium igaz beszédében. Ez eljutott hozzátok, amint az egész világon is, és gyümölcsöt terem, és növekedik úgy, amint nálatok is attól a naptól fogva, amelyen hallottátok és igazán megismertétek az Isten kegyelmét, ahogyan Epafrásztól, szeretett szolgatársunktól tanultátok, aki Krisztus hű szolgája értetek, s aki híreit hozta Lélekből fakadó szeretetetekről.

Megfigyelés

JEGYEZZ FEL EGY-KÉT MEGFIGYELÉST AZ IGESZAKASZBÓL.

(Sokszor csak pontokban szedem a megfigyeléseim, amiket elsőre észreveszek, amikor megnézem a verset.) Amikor a hitet és a szeretetet összekapcsolod, akkor reményt kapsz. Emlékezzünk kell, hogy a reményünk a mennyben van, még nem jött el. Az evangélium igaz beszéd. Az evangélium folyamatosan nő és gyümölcsöt terem az első naptól kezdve az utolsóig. Elég egy ember ahhoz, hogy megváltoztasson egy egész közösséget (Epafrász).

8

Á, MINT ÁTÜLTETÉS.

Miután figyelmesen elolvastad a mára kijelölt szakaszt, határozd meg az általa közvetített fő üzenetet vagy igazságot.

Hogyan tudnád ezt a saját életedben is alkalmazni?

Mit gondolsz, mi az, amit ennek az igazságnak a tudatában ma meg kellene tenned?

Átültetés

ÍRJ LE EGY-KÉT
GONDOLATOT,
AMIT AZ
OLVASOTTAKBÓL
ÁTÜLTETHETSZ
A GYAKORLATBA.

[kézírásos bekezdés]

Köszönet / Kérés

KÖSZÖND
MEG ISTENNEK,
AMIT MA TANULTÁL.
/ KÉRJ ISTENTŐL A
SZÍVED MÉLYÉBŐL.

[kézírásos bekezdés]

K, MINT **KÖSZÖNET** VAGY **KÉRÉS**.

Imádkozd át Isten szavait.

Ha Ő bármit felfedett előtted a tanulmányozás során, imádkozz érte.

Ha Ő rámutatott bármilyen bűnödre vagy hiányosságodra, valld meg.

Imádkozd át a szakasz igazságát.

EGY RECEPT NEKED

SESWAA
(lassan párolt marhahús, botswanai nemzeti étel)

Hozzávalók

marhaszegy
(vagy más zsírosabb hús)

só

víz

Elkészítés

Vágjuk darabokra a marhahúst, és tegyük egy mély fazékba. Öntsünk rá annyi vizet, hogy teljesen ellepje a húst, és fedjük le, kissé ferdén ráhelyezve a fedőt. Közepes hőfokon főzzük a húst 2-3 órán keresztül, amíg teljesen puhára nem fő. Ha elforrna a víz, mielőtt a hús megfő, öntsünk utána időnként egy kevés vizet, míg a hús meg nem puhul.

Sózzuk meg.

Egy kevés lével együtt, ami a fazékban maradt, egy fakanál végével törjük össze a húst, amíg teljesen szét nem esik.

Javaslat: ha a hús egy kissé száraz, adjunk hozzá egy kevés olajat.

Tálaljuk krumplipürével, kukoricakásával vagy ízlés szerint bármilyen más pürével.

BIZONYSÁGTÉTEL

BOITUMELO
SZETSZVANA NYELVŰ SZNI

A válás megváltoztatott. Azelőtt Istenért égő fiatal nő voltam, készen arra, hogy az Ő országáért óriásokkal küzdjek meg. Azután megváltozott az életem, és ennek nyomán úgy viseltem a szégyent, mint egy köpenyt. Nézzétek, én egy afrikai gyerek vagyok. Arra tanítottak, hogy legyek erős és talpraesett. Bírj ki mindent, és ha a dolgok nem mennek jól, akkor is mindig lehet tenni valamit.

Éreztem a csöndes tekintetekből, hogy megbuktam és elítélnek. Csődöt mondtam Isten, a családom, egy seregnyi szemtanú és önmagam előtt. Bizonyára nincs már helyem Isten országában. Hogyan tudnék ismét talpra állni egy ilyen esemény után, ami megváltoztatta az életemet? Nem voltam képes újra felfelé nézni, ezért inkább elmerültem a szégyenben.

Aztán elolvastam Ábrahám és Sára történetét. Isten egy fiút ígért nekik, ők azonban ahelyett, hogy bíztak volna Abban, aki az ígéretet tette, a saját útjukat járták. Isten viszont még akkor is úgy döntött, hogy teljesíti az Ábrahámnak tett ígéretét, amikor ők elbuktak. Ábrahámot nem a bűne és a bukása határozta meg, hanem a hite miatt fogadta el őt Isten igaznak.

Ha elsőre sem tudtam megmenteni magam, hogyan gondolhattam egyáltalán, hogy képes leszek folytatni az utat? Visszatértem a kereszthez, és emlékeztem arra, hogy azon a kereszten függött egy Ember, aki újjáteremtett engem. A szégyenemet a kereszthez vittem, és ott letettem. Lassan visszahúzódtam Annak a lábához, aki sohasem űzött el magától.

Évek múltán is nagy kiváltság a számomra, hogy Isten szeret, és én is szerethetem Őt. Arra törekszem, hogy sokakra kiterjesszem ezt a szeretetet, és remélem, hogy az SZNI-családhoz való csekély hozzájárulásom révén

Hogyan imádkozhatsz ezért a csoportért?

Imádkozz, hogy ébredés söpörjön végig Botswana népén.

Imádkozz valakiért, aki segíteni tudna a közösségimédia-felületünk kezelésében.

Imádkozz azért, hogy tovább építhessük az SZNI-közösséget Botswanában.

mindenfelé kiárad az Ő szeretete. Naponta igyekszem, hogy az legyek, akinek Isten szánt engem: Boitumelo, egy dél-afrikai nő, aki azért él, hogy szeresse Istent és az embereket.

Boitumelo

Csoportunk itt érhető el:

* Iggsetswana@gmail.com

Ismersz valakit, aki használni tudná a szetszvana nyelvű Szeresd Nagyon Istent tanulmányokat? Ha igen, akkor beszélj nekik azokról a nagyszerű bibliatanulmányozási lehetőségekről, amelyeknek a segítségével felvértezhetjük őket Isten Igéjével!

TÖKÉLETESSÉG HELYETT HIT

Kezdjük el!

BEVEZETŐ
TÖKÉLETESSÉG HELYETT HIT

A teremtés történetének és a civilizáció kezdetének leírása után Mózes első könyve egy Abrám nevű ember életének elbeszélésével folytatódik. Ezt az embert, aki később az Ábrahám nevet kapta, Isten arra választotta ki, hogy legyen annak a családnak az ősatyja, amelyen keresztül Isten áldása az egész világra kiterjed. Isten Ábrahámot választotta, hogy az őse legyen a Messiásnak, Jézus Krisztusnak, akit Isten majd elküld a világra, hogy megmentse a világot a bűntől és a haláltól.

Ábrahámot a hite miatt Isten igaz emberként tartotta számon. Isten nagy ígéretet tett Ábrahámnak, és ő elhitte, hogy Isten meg fogja tenni, amit mond. Isten azt ígérte, hogy sok leszármazottja lesz Ábrahámnak. Azt is megígérte, hogy saját földterületet ad Ábrahámnak és utódainak, és áldássá teszi őt a föld összes családja számára. Ábrahám halála után a fia, Izsák lett az ígéret örököse. Isten Izsákkal is megkötötte ugyanazt a szövetséget, így az ígéret teljesítése a következő nemzedékben is folytatódott.

Sok tudós egyetért abban, hogy Mózes az első könyvét azalatt írta, miközben a zsidók a Sínai-pusztában vándoroltak Kr. e. 1440 körül. Az 1Mózes 12-28 fejezetek a zsidó nép eredetéről, valamint Ábrahám, Izsák és Jákób ősatyákról szólnak. Életük krónikáját Mózes az Isten által megígért földön letelepedni készülő nemzedék számára jegyezte le. Miközben arra készültek, hogy belépjenek Kánaánba, az Ígéret Földjére, a 1 Mózes könyvének igéi emlékeztették őket arra, hogy ki az ő Istenük, és mit jelent hitben járni Vele.

Ábrahám és családja életében a hitre és a hitetlenségre is láthatunk példákat, és Isten mindeközben újra és újra megerősítette és fenntartotta a szövetségét és az Ábrahámnak tett ígéretét. Ábrahám nem volt tökéletes ember. Bőven voltak olyan esetek, amikor a tettei nem voltak összhangban az isteni ígéretbe vetett hitével. Isten mégis igaznak fogadta el őt már jóval azelőtt, hogy hiten kívül mást is kért volna tőle. Megtanulhatjuk nagyon szeretni Istent ígéret megtartó jellemvonását tanulmányozva. Látni fogjuk, mit jelent hitben járni még akkor is, amikor elbukunk. Megismerjük majd, hogy Isten milyen együttérző és kedves, a szövetséges népe iránt könyörületes, igazságos és hűséges.

OLVASÁSI TERV

1. HÉT

Hétfő
Olvasd el: 1 Mózes 11:27–12:9
IMÁK: 1 Mózes 12:1–3

Kedd
Olvasd el: 1 Mózes 12:10–20; Filippi 4:19
IMÁK: Filippi 4:19

Szerda
Olvasd el: 1 Mózes 13
IMÁK: 1 Mózes 13:15–16

Csütörtök
Olvasd el: 1 Mózes 14; Zsidók 7
IMÁK: Zsidók 7:25

Péntek
Olvasd el: 1 Mózes 15; Róma 4:1–5, 20–25
IMÁK: 1 Mózes 15:6

2. HÉT

Hétfő
Olvasd el: 1 Mózes 16:1–6; Példabeszédek 3:5, 16:9
IMÁK: Példabeszédek 3:5

Kedd
Olvasd el: 1 Mózes 16:7–15
IMÁK: 1 Mózes 16:13

Szerda
Olvasd el: 1 Mózes 17; Róma 4:9–12; Galata 6:12–16
IMÁK: Galata 6:14–15

Csütörtök
Olvasd el: 1 Mózes 18:1–15
IMÁK: 1 Mózes 18:14

Péntek
Olvasd el: 1 Mózes 18:16–33; Zsoltárok 1
IMÁK: Zsoltárok 1:5–6

3. HÉT

Hétfő
Olvasd el: 1 Mózes 19:1–14; Bírák 19:11–30; Róma 1:16–32
IMÁK: Róma 1:16–17

Kedd
Olvasd el: 1 Mózes 19:15–38; Lukács 17:22–35
IMÁK: Lukács 17:32–33

Szerda
Olvasd el: 1 Mózes 20; Példabeszédek 14:1
IMÁK: Példabeszédek 14:1

Csütörtök
Olvasd el: 1 Mózes 21:1–7; Jób 8:20–21
IMÁK: 1 Mózes 21:1

Péntek
Olvasd el: 1 Mózes 21:8–21; Galata 3:23–29, 4:21–31
IMÁK: Galata 3:23–24

4. HÉT

Hétfő
Olvasd el: 1 Mózes 21:22–34; Róma 12:9–21
IMÁK: Róma 12:18

Kedd
Olvasd el: 1 Mózes 22:1–19; Zsidók 11:17–19
IMÁK: 1 Mózes 22:14

Szerda
Olvasd el: 1 Mózes 22:20–24; Zsidók 11:8–12
IMÁK: Zsidók 11:8–10

Csütörtök
Olvasd el: 1 Mózes 23; Zsidók 11:13–16
IMÁK: Zsidók 11:13

Péntek
Olvasd el: 1 Mózes 24:1–60
IMÁK: 1 Mózes 24:7–8

5. HÉT

Hétfő
Olvasd el: 1 Mózes 24:61–67; Zsidók 11:1, 6
IMÁK: Zsidók 11:1, 6

Kedd
Olvasd el: 1 Mózes 25:1–11; Zsidók 6:13–20
IMÁK: Zsidók 6:17–18

Szerda
Olvasd el: 1 Mózes 25:12–18; Józsué 21:45
IMÁK: Józsué 21:45

Csütörtök
Olvasd el: 1 Mózes 25:19–26; Zsoltárok 113
IMÁK: 1 Mózes 25:21

Péntek
Olvasd el: 1 Mózes 25:27–34; 1 János 2:15–17
IMÁK: 1 János 2:15–17

6. HÉT

Hétfő
Olvasd el: 1 Mózes 26:1–11
IMÁK: 1 Mózes 26:3–4

Kedd
Olvasd el: 1 Mózes 26:12–33
IMÁK: 1 Mózes 26:24

Szerda
Olvasd el: 1 Mózes 26:34–27:29; Róma 9:6–18
IMÁK: Róma 9:14–15

Csütörtök
Olvasd el: 1 Mózes 27:30–46; Zsidók 11:20
IMÁK: Zsidók 11:20

Péntek
Olvasd el: 1 Mózes 28:1–9
IMÁK: 1 Mózes 28:3–4

CÉLJAID

Hisszük, hogy fontos leírni
céljainkat a tanulmány előtt.
Szánj erre egy kis időt, és
jegyezz fel 3 célt, amikre
összpontosítani szeretnél
az elkövetkezendőkben,
amint naponta felkelsz, hogy
beleásd magad Isten Igéjébe.
A következő hetekben térj
vissza többször is ezekhez a
célokhoz, hogy ne veszítsd
őket szem elől. HAJRÁ!

1.

2.

3.

Aláírás:

Dátum:

1. HÉT

Abrám pedig hitt az Örökkévalónak,
aki ezért igaznak fogadta el őt.

1 MÓZES 15:6

IMA

Heti imatéma:
Imádkozz családtagjaidért!

HÉTFŐ

KEDD

SZERDA

CSÜTÖRTÖK

PÉNTEK

KIHÍVÁS

Sorold fel Isten annyi ígéretét, amennyit csak tudsz! Jegyezd fel figyelmesen az ígéret
szövegkörnyezetét is! Írj listát arról, hogy mit ígért Isten, kinek ígérte és, hogy teljesült-e az
adott ígéret vagy sem!

HÉTFŐ

1 Mózes 11:27–12:9

27-29 Ez a története Táré leszármazottjainak. Táré fiai: Abrám, Náhór és Hárán. Hárán gyermekei: Lót, Milká és Jiszká. Hárán még apja életében meghalt a szülőföldjén, a káldeai Úr városában, Babilóniában. Abrám feleségül vette Szárajt. Náhór is megnősült, Milkát vette feleségül, Hárán leányát.

30 Szárajnak nem született gyermeke, mert meddő volt.

31 Táré felkerekedett a káldeai Úr városából, és elindult, hogy Kánaán földjére költözzön. Vele volt a fia, Abrám, és annak felesége, Szárai, meg az unokája, Lót, Hárán fia. El is jutottak Hárán városáig, de ott letelepedtek, és nem mentek tovább. 32 Háránban azután Táré 205 éves korában meghalt.

12:1 Az Örökkévaló szólt Abrámhoz: „Hagyd el országodat, rokonaidat és apád családját! Menj arra a földre, amelyet mutatok neked!

2 Én pedig nagy nemzetté teszlek,
    és megáldalak,
nevedet naggyá teszem,
    sőt, áldássá teszlek téged!
3 Megáldom azokat,
    akik téged áldanak,
de akik átkoznak téged,
    azokat én sújtom átokkal!
Rajtad keresztül megáldom
    a föld összes nemzetségét!"

4 Abrám engedelmeskedett az Örökkévalónak, és elhagyta Háránt. Ekkor 75 éves volt. Vele ment Lót is. 5 Abrám magával vitte a feleségét, Szárajt, meg Lótot, Abrám testvérének a fiát, minden vagyonukat és összes szolgáikat, akikre Háránban tettek szert, és együtt indultak el Háránból, hogy Kánaán földjére menjenek.

Amikor megérkeztek Kánaán földjére, 6 Abrám egészen Sikem városáig, a Móré tölgyfáig vonult.

Abban az időben még a kánaáni népek laktak azon a vidéken. 7 Az Örökkévaló megjelent[a] Abrámnak, és ezt mondta: „Abrám, leszármazottjaidnak adom ezt a földet." Akkor Abrám oltárt épített ott az Örökkévalónak, aki megjelent neki.

8 Azután Abrám tovább vonult dél felé a Bételtől keletre eső dombvidéken, majd tábort vert Bétel és Aj[b] között. Ott is oltárt épített az Örökkévalónak, és imádta őt[c]. Bétel nyugatra, Aj pedig keletre esett ettől a helytől. 9 Innen is tovább vonult dél felé.

HÉTFŐ

OLVASD EL:
1 Mózes 11:27–12:9

IMÁK:
1 Mózes 12:1–3

Igevers

MÁSOLD LE A
NAPI IGEVERSEKET
A BIBLIÁDBÓL.

Megfigyelés

JEGYEZZ FEL
EGY-KÉT MEGFIGYELÉST
AZ IGESZAKASZBÓL.

Átültetés

ÍRJ LE EGY-KÉT
GONDOLATOT, AMIT
AZ OLVASOTTAKBÓL
ÁTÜLTETHETSZ A
GYAKORLATBA.

Köszönet / Kérés

KÖSZÖND MEG
ISTENNEK, AMIT MA
TANULTÁL. / KÉRJ
ISTENTŐL A SZÍVED
MÉLYÉBŐL.

HÉTFŐ

Áhítat: 1. Hét

IMÁK

1 Mózes 12:1–3

„*Az Örökkévaló szólt Abrámhoz: 'Hagyd el országodat, rokonaidat és apád családját!
Menj arra a földre, amelyet mutatok neked! Én pedig nagy nemzetté teszlek, és
megáldalak, nevedet naggyá teszem, sőt, áldássá teszlek téged! Megáldom azokat, akik
téged áldanak, de akik átkoznak téged, azokat én sújtom átokkal! Rajtad keresztül
megáldom a föld összes nemzetségét!'*"

ELMÉLKEDÉS

Mózes 1. könyve beszámol a világ teremtéséről és arról is, milyen tervet készített
Isten a megváltásunkra. Az első 11 fejezet a teremtéssel, az emberiség bukásával
és a civilizáció kezdetével foglalkozik. A bűn számos következményt vont maga
után, amikor megjelent a világban (1 Mózes 3): Istentől való elszakítottságot,
kiűzetést az Édenből, átkokat, megtört kapcsolatokat és halált.

Amint Isten elmagyarázta a kertben élő férfinak és nőnek, hogy mit
eredményezett a bűn, azonnal ígéretet is tett a megváltásra. Megígérte, hogy
megváltja a világot a bűntől, hogy elküldi a Szabadítót, azt, aki a bűn átkát és
az ellenséget egyszer s mindenkorra legyőzi. Így Mózes 1. könyvében kezdődik
megváltásunk története.

A megváltásunk egy személyen, Jézus Krisztuson keresztül jött el. Ő a megígért
Messiás, az, aki Isten ígérete szerint megszabadítja a világot a bűntől. Isten
egy családot használt arra, hogy általuk elhozza a Földre az Ő Fiát, és ezáltal a
megváltást is. Ez a család egy Abrám nevű férfival kezdődik; egy emberrel, akit
Isten elhívott, hogy hagyja el otthonát, családját és isteneit, és kövesse az Egy
igaz Istent. Abrám nem volt nagy ember. Nem tett semmit, amivel kiérdemelte
volna, hogy Isten őt válassza, és mégis, Isten választása Abrámra esett, hogy
általa elhozza a kiválasztott Megmentőt.

A pátriárkák életéről szóló tanulmányunkban láthatjuk Isten gondoskodását,
ígéreteit, azt, ahogyan megvédte Abrámot, az ő családját és leszármazottait.
Látni fogjuk, milyen nagy hite és bizalma volt Abrámnak Istenben, és azt is,
hogyan igyekezett emellett véghezvinni saját terveit is. Abrám bukásai ellenére
Isten őt választotta, hogy rajta keresztül a Föld összes családját megáldja. Bár
Abrám nem ismerte a részleteit, mit fog tenni Iste, és hogyan teszi, mégis
folyamatosan hitben járt.

IMA

Uram, köszönöm, hogy Jézus Krisztuson, Abrám megígért leszármazottján
keresztül számomra is elérhetővé tetted a megváltást. Csak te tudod úgy
formálni az életemet, hogy másoknak áldás lehessek. Segíts, hogy megérthessem,
ha arra kérsz, hogy ma vagy az Abrámról szóló tanulmány olvasása során hitben
járjak. Ámen.

KEDD

1 Mózes 12:10-20

10 Történt ezután, hogy éhínség támadt azon a vidéken. Abrám elhatározta, hogy családostul Egyiptomba költözik, hogy egy ideig ott lakjon, mert már nagyon szűkében voltak az élelemnek. 11 El is indultak, és amikor már közel jártak az egyiptomi határhoz, Abrám ezt mondta Szárajnak, a feleségének: „Figyelj rám! Olyan szép vagy, 12 hogy ha az egyiptomiak meglátnak, biztosan meg akarnak szerezni téged. Mivel azt gondolják, hogy a feleségem vagy, engem megölnek, téged meg elrabolnak. 13 Kérlek, mondd azt nekik, hogy a húgom vagy, akkor a kedvedért nem bántanak engem sem! Így megmentheted az életem."

14 Amikor Abrám és családja Egyiptomba érkezett, az egyiptomiak hamar észrevették, hogy Száraj milyen gyönyörű. 15 Az udvari főemberek is nagyon szépnek találták, és dicsérték szépségét a fáraónak, majd bevitték a fáraó háremébe. 16 A fáraó Száraj kedvéért gazdagon megjutalmazta Abrámot: juhokat, kecskéket, marhákat, szamarakat, tevéket, rabszolgákat és rabszolganőket ajándékozott neki.

17 Ugyanakkor az Örökkévaló súlyos csapásokkal sújtotta a fáraót, annak családját és egész udvartartását, mivel elvették Abrámtól a feleségét. 18 Hívatta hát a fáraó Abrámot, és a szemére vetette: „Miért tetted ezt velem? Miért nem mondtad meg, hogy ez az asszony a feleséged? 19 Miért mondtad azt, hogy a húgod? Emiatt vettem ide, hogy a feleségem legyen. Most hát halld meg parancsomat: itt a feleséged, visszaadom neked, de azonnal távozzatok Egyiptomból!" 20 Majd parancsot adott, hogy Abrámot, egész családjával és minden vagyonával együtt kísérjék ki az országból.

Filippi 4:19

19 Istenem pedig be fogja tölteni minden szükségeteket dicsőséges gazdagsága szerint, ha a Krisztus Jézusban éltek.

KEDD

OLVASD EL:
1 Mózes 12:10–20; Filippi 4:19

IMÁK:
Filippi 4:19

Igevers

MÁSOLD LE A
NAPI IGEVERSEKET
A BIBLIÁDBÓL.

Megfigyelés

JEGYEZZ FEL
EGY-KÉT MEGFIGYELÉST
AZ IGESZAKASZBÓL.

Átültetés

ÍRJ LE EGY-KÉT GONDOLATOT, AMIT AZ OLVASOTTAKBÓL ÁTÜLTETHETSZ A GYAKORLATBA.

Köszönet / Kérés

KÖSZÖND MEG ISTENNEK, AMIT MA TANULTÁL. / KÉRJ ISTENTŐL A SZÍVED MÉLYÉBŐL.

KEDD

Áhítat: 1. Hét

IMÁK

Filippi 4:19

„Istenem pedig be fogja tölteni minden szükségeteket dicsőséges gazdagsága szerint, ha a Krisztus Jézusban éltek."

ELMÉLKEDÉS

Isten ígéretet tett Abrámnak. Megígérte, hogy nagy néppé és nagy névvé teszi, és hogy megáldja őt, valamint rajta keresztül a Föld minden családját. Isten parancsot is kapcsolt az ígérethez: Abrámnak el kellett mennie arra földre, amelyet Ő mutatott neki. Isten elvezette Abrámot Kánaánba, megmutatta neki a földet, melyet egy nap majd az utódainak ad. Abrám pedig hitt Istennek és engedelmeskedett.

Azonban éhínség tört ki. A földön, melyet Isten Abrámnak és utódainak ígért, nem termett élelem. Olyan szörnyű volt az éhínség, hogy Abrám fogta a feleségét, és felkerekedett Egyiptomba. Abrám hátrahagyta a földet, amelyet Isten adott neki, és idegen területre ment ellátásért. Ahelyett, hogy bízott volna Isten gondoskodásában, a saját ösztöneire támaszkodott, és oda ment, ahol élelmet talált.

Abrám felesége gyönyörű volt, így Abrám félt, hogy a fáraó saját feleségéül akarja majd Szárajt, őt pedig megöli. Ahelyett, hogy bízott volna Istenben, kigondolt egy saját tervet, amely Szárajt is veszélybe sodorta. Bár végül sok ajándékot kapott a fáraótól, veszélybe sodorta a Szárajtól születendő utód ígéretét.

Az Abrám életéről szóló beszámolónak már az elején kiderül, hogy nem ő, hanem Isten a történet igazi hőse. Isten volt az, aki kiválasztotta Abrámot, hogy általa szárba szökkenjen a megváltás ajándéka. Isten volt az, aki kiválasztotta a földet, amin Abrám és az utódai élhettek. Ő volt az, aki Abrám hibái és hitetlensége ellenére megtartotta az ígéretét. Egyedül Isten a hős, aki védelmezte az Abrámnak és Szárajnak tett ígéretét. Amikor próbálkozásuk, hogy mentsék magukat, kudarcba fulladt, Isten volt az, aki közbelépett, és megmentette kiválasztottait.

Az éhség és a veszély ellenére, amelyekbe keveredünk, Istenünk az, aki mindig megment bennünket. Ő a hőse minden történetnek, a miénknek is. Ő az, aki gondoskodik rólunk, aki védelmez, és aki helyreállít minket. Bízhatunk Benne a bizonytalanság és a bukások során is. Ő az egyetlen, aki be tudja tölteni minden szükségünket.

IMA

Mennyei Atyám, egyedül Te vagy a hős. Bocsásd meg nekem a hitetlenségemet, amikor megpróbálom a dolgokat a saját kezembe venni. Adj türelmet, miközben Benned bizakodom. Adj hitet, hogy akkor is bízni tudjak, amikor a dolgok látszólag szétesnek. Tudom, hogy Te gondoskodsz rólam, és védelmezel engem. Ámen.

SZERDA

1 Mózes 13

13:1 Abrám tehát családjával együtt keleti irányban elhagyta Egyiptomot, és visszatért Kánaán földjének déli vidékére. Lót is vele tartott. 2 Abrám ekkorra már nagyon meggazdagodott: rengeteg állata, ezüstje és aranya volt. 3 Apránként észak felé vándorolt, egészen Bételig. Elérkezett arra a helyre, ahol már korábban is táborozott: Bétel és Aj között. Ott ismét sátrat vert. 4 Ez volt az a hely, ahol korábban Abrám oltárt épített az Örökkévalónak. Ott ismét áldozatot mutatott be neki, és imádta őt.

5 Eddig Lót is Abrámmal együtt vándorolt. Neki is nyájai és csordái voltak, meg szolgái. 6 Ezért a legelők már szűkösnek bizonyultak ahhoz, hogy Abrám és Lót összes állatait eltartsák. Nem maradhattak tovább együtt, mert mindkettőjüknek nagyon megszaporodtak a nyájaik és a csordáik. 7 Abrám és Lót pásztorai összevesztek a legelők miatt, ráadásul akkoriban még a kánaáni és perizzi népek laktak azon a vidéken.

8 Így hát Abrám átment Lóthoz, és ezt mondta neki: „Lót, kérlek, hallgass meg! Ne legyen tovább összeütközés köztünk és pásztoraink között, hiszen közös ősapától származunk! 9 Előtted van az egész vidék, váljunk el egymástól! Ha dél felé mész, én északra megyek, ha meg északra fordulsz, én megyek dél felé — de mindenképpen el kell válnunk egymástól!"

10 Lót ekkor körülnézett a vidéken. Látta, hogy a Jordán völgye olyan, mint a jól öntözött kert. Ez ugyanis akkor történt, amikor az Örökkévaló még nem pusztította el Sodomát és Gomorát. A Jordán völgye egészen Cóárig még olyan volt, mint az Örökkévaló kertje, vagy Egyiptom földje. 11 Ezért hát Lót a Jordán völgyét választotta lakóhelyül, és el is indult egész családjával és nyájaival együtt kelet felé. Így vált el egymástól Abrám és Lót. 12 Abrám Kánaán földjén, Lót pedig a Jordán völgyében, a városok között sátorozott. Sodoma közelében vert sátrat. 13 Sodoma lakói azonban nagyon gonoszok voltak, és súlyosan vétkeztek az Örökkévaló ellen.

14 Az Örökkévaló megszólította Abrámot, miután Lót elvált tőle: „Tekints fel, és nézz körül onnan, ahol vagy: észak, dél, kelet és nyugat felé, 15 mert ameddig ellátsz, azt a földet örökre neked és utódaidnak adom! 16 Megszaporítom utódaidat: olyan sokan lesznek, mint a porszemek a földön. Meg sem számlálhatja őket senki, ahogy a porszemeket sem lehet megszámolni. 17 Indulj el hát, járd be ezt a földet széltében-hosszában, mert neked adom!"

18 Abrám tehát elindult, és fokozatosan tovább vándorolt, majd letáborozott és oltárt épített az Örökkévalónak Mamré tölgyesében, amely Hebron mellett fekszik.

SZERDA

OLVASD EL:
1 Mózes 13

IMÁK:
1 Mózes 13:15–16

Igevers

MÁSOLD LE A
NAPI IGEVERSEKET
A BIBLIÁDBÓL.

Megfigyelés

JEGYEZZ FEL
EGY-KÉT MEGFIGYELÉST
AZ IGESZAKASZBÓL.

Átültetés

ÍRJ LE EGY-KÉT GONDOLATOT, AMIT AZ OLVASOTTAKBÓL ÁTÜLTETHETSZ A GYAKORLATBA.

Köszönet / Kérés

KÖSZÖND MEG ISTENNEK, AMIT MA TANULTÁL. / KÉRJ ISTENTŐL A SZÍVED MÉLYÉBŐL.

SZERDA

Áhítat: 1. Hét

IMÁK

1 Mózes 13:15–16

„...mert ameddig ellátsz, azt a földet örökre neked és utódaidnak adom! Megszaporítom utódaidat: olyan sokan lesznek, mint a porszemek a földön. Meg sem számlálhatja őket senki, ahogy a porszemeket sem lehet megszámolni"

ELMÉLKEDÉS

Abrám Egyiptomba tett kitérője után nagy vagyonnal tért vissza Kánaánba, a földre, amelyet Isten neki ígért. Míg Egyiptomban volt, Abrámnak szert tett birkákra, marhákra, szamarakra, tevékre és szolgákra, nyája és csordája pedig hatalmasra duzzadt. Olyan nagyra, hogy a terület zsúfolttá vált, és már nem bírta eltartani Abrám és unokaöccse, Lót állatait. Az 1 Mózes 13. tesz először említést arról, hogy Abrámot unokaöccse, Lót is elkísérte. Habár Isten Abrámnak ígérte a földet, a kánaániak és a perizziek még mindig ott éltek. Egyszerűen nem volt elég hely Abrám és Lót háztartásának.

Ahelyett, hogy azt követelte volna, hogy Lót új helyet keressen magának, a nyájainak és a csordáinak, Abrám átengedte Lótnak a választás lehetőségét. Hitben járt, elhitte, hogy bár úgy látszik, nem lesz elég hely azon a földön, hogy eltartsa őt, mégis az válik majd valóra, amit Isten ígért. Abrám jobban bízott Isten ígéretében, mint abban, ahogyan ő képes felmérni annak a földnek a teherbírását. Bár úgy tűnt, az ígéret ismét veszélyben van, hogy az Isten által ígért bőséges föld mégsem olyan bőséges, Abrám, ez alkalommal, hitben járt.

Az ígéret sosem volt veszélyben. Abrám bízott abban, hogy Isten neki adja a földet. Hitben járt, míg vele ellentétben Lót a látottak szerint döntött, és azt a földet választotta, amely termékenyebbnek, jobbnak tűnt.

Bár Abrám élete korántsem volt tökéletes, mégis példája ő a szilárd hitnek. Isten hihetetlen ígéretet tett neki – földet, utódokat, mindenre kiterjedő áldást ígért –, és bár voltak pillanatok, amikor kételkedett, mégis nagy hitről tett bizonyságot. Az Abrám életéről szóló beszámoló számos olyan pillanatot tár elénk, amelyek hatalmas hitéről tanúskodnak, és olyanokat is, melyek során Abrám saját kezébe vette Isten ígéretének teljesítését. Hitte, hogy Isten neki adja a földet, és hittel lépett előre. Bízott abban, hogy Isten az, akinek mondja magát, és megcselekszi, amit ígért.

IMA

Istenem, Te vagy az Ígéretek Megtartója. Földet ígértél Abrámnak és teljesítetted az ígéretedet. A nekem tett ígéreteket is megtartod. Segíts, hogy szilárd hittel lépjek előre, nagylelkűen cselekedjek, és hinni tudjam, hogy Te mindenkor ellátsz mindennel, amire szükségem van. Ámen.

CSÜTÖRTÖK

1. Hét Igerészek

1 Mózes 14

14:1 Ezek abban az időben történtek, amikor Sineár földjén Amráfel, Ellászár földjén Arjók, Élám földjén Kedorláómer, és Góim földjén Tidál uralkodott. 2 Ezek a királyok háborút indítottak Bera, Sodoma királya, és annak szövetségesei: Birsa, Gomora királya, meg Sináb, Adma királya, meg Seméber, Cebóim királya, meg Bela — más néven Cóár — királya ellen.

3 Az utóbbi öt király szövetséget kötött, és seregeiket egyesítették a Sziddím-völgyben — ahol ma a Holt-tenger völgye fekszik. 4 Korábban tizenkét évig Kedorláómer uralkodott e királyok fölött, akik a tizenharmadik évben elhatározták, hogy föllázadnak Kedorláómer ellen. 5 Emiatt a tizennegyedik évben Kedorláómer — a szövetségeseivel együtt — hadjáratot indított, amelynek során a következő népek seregeit győzte le: a refáiakat Asterót-Karnaimban, a zúziakat Hámban, az émieket Sávé-Kirjátaimban, 6 a hóriakat a saját hegyükön, a Szeír hegyén, egészen Él-Páránig, amely a sivatag szélén van. 7 Azután Kedorláómer megfordult, és Én-Mispátba — más néven Kádésba — ment. Ott legyőzte az amálekiek seregét, majd az emóriakat is, akik Hacecón-Támárban laktak.

8-9 Ezután érkezett Kedorláómer és serege a Sziddím-völgybe, hogy megütközzön az említett öt királlyal. Felsorakozott hát a két sereg egymással szemben a völgyben: négy király és a seregeik az egyik oldalon, öt király[a] és a seregeik a másikon.

10 A Sziddím-völgyben abban az időben igen sok szurokforrás fakadt, amelyek kisebb-nagyobb gödröket töltöttek meg. Amikor a csata során Sodoma és Gomora királyai megfutamodtak, seregükből sokan beleestek a szurokkal telt gödrökbe, akik pedig életben maradtak, a hegyekbe menekültek. 11 Kedorláómer és győztes serege ezután bevonult Sodomába és Gomorába, kirabolta a házakat, és minden zsákmányt elvitt, még az élelmet is. 12 Mivel Lót — Abrám testvérének fia — ekkoriban Sodomában lakott, a győztes sereg őt is fogságba hurcolta minden vagyonával együtt. 13 Egy menekült azonban eljutott a nomád[b] Abrámhoz, és mindent elmondott neki. Abrám ekkor az emóri Mamré tölgyesében táborozott. Mamré, Eskól és Ánér testvérek voltak, és mindhárman Abrám szövetséges társai.

14 Amint Abrám meghallotta, hogy Lót fogságba esett, azonnal összehívta és felfegyverezte hűséges szolgáit, akik már az ő szolgálatában születtek és nevelkedtek föl: összesen 318-an voltak. Ezzel a csapattal indult az ellenség üldözésére. Egészen Dánig ment, ott érte utol őket. 15 Akkor Abrám kisebb csoportokra osztotta a csapatát, és éjszaka egyszerre több oldalról megtámadta és megfutamította az ellenséget. Majd tovább üldözte őket egészen Hóbáig, amely Damaszkustól északra fekszik. 16 Visszavett az ellenségtől minden zsákmányt, kiszabadította és visszahozta Lótot, a családjával és minden vagyonával együtt, az asszonyokat, meg a többi foglyot is, akiket az ellenség elhurcolt.

17 Miután Abrám így legyőzte Kedorláómert és a vele szövetséges királyokat, hazafelé indult. Sodoma királya kivonult Abrám elé a Sávé-völgybe — más néven a Király-völgybe —, hogy köszöntse.

18 Melkisédek, Sálem királya, a Felséges Isten papja Abrám elé ment, kenyeret és bort hozott neki, 19 majd megáldotta:

„A Felséges Isten,
    aki az eget és földet teremtette[c],
áldjon meg téged, Abrám!
20 Áldott legyen a Felséges Isten,
    aki győzelmet adott neked, Abrám,
    ellenségeid fölött!"

Akkor Abrám Melkisédeknek adta a csatában szerzett zsákmánya tizedrészét.

21 Sodoma királya ezt mondta Abrámnak: „Tartsd meg a zsákmányt magadnak, csak a népemet engedd szabadon!" 22 De Abrám ezt válaszolta: „Nem! Megesküdtem az Örökkévalónak, a Felséges Istennek, aki teremtette az eget és a földet, 23 hogy semmi szín alatt nem veszek el abból, ami a tiéd —, még egy fonalszálat, vagy egy saruszíjat sem! Nehogy azt mondhasd, hogy te tettél engem gazdaggá! 24 A magam számára tehát nem fogadhatok el semmit. Legfeljebb azt ajándékozd nekünk, amit a harcosaim útközben megettek, és ami a szövetségeseimet megilleti, akik velünk együtt harcoltak: Anér, Eskól és Mamré hadd vegyék ki részüket a zsákmányból!"

Zsidók 7
7:1 Ez a Melkisédek Sálem királya és a Magasságos Isten papja volt. Ábrahám éppen hazafelé tartott abból a csatából, amelyben több királyt is legyőzött. Ekkor találkozott Melkisédekkel, aki megáldotta őt, 2 Ábrahám pedig neki adta a hadizsákmánya tizedrészét. Melkisédek neve kettős jelentésű. Először is: „igazságosság királya", azután „Sálem királya", vagyis „békesség királya". 3 Apjáról, anyjáról, vagy származásáról semmit sem tudunk.[a] Életének sem a kezdete, sem a vége nem ismert. Akárcsak Isten Fia, Melkisédek is örökké pap marad.

4 Látjátok hát, milyen hatalmas ez a Melkisédek, hogy még Ábrahám ősapánk is neki adta a hadizsákmánya tizedét! 5 A Törvény azt parancsolja, hogy Izráelben a papok — Lévi utódai — szedjenek tizedet a néptől, vagyis saját testvéreiktől, akik szintén Ábrahám utódai. 6 Melkisédek nem volt Lévi utóda, mégis tizedet kapott Ábrahámtól, és megáldotta őt — azt, aki Istentől ígéreteket kapott. 7 Pedig nyilvánvaló, hogy aki áld, hatalmasabb annál, akit megáld.

8 Izráelben a papok, akik a tizedet kapják a többiektől, maguk is halandó emberek. Melkisédekről viszont azt mondja az Írás, hogy örökké él. 9 Úgy is mondhatnánk, hogy a tizedet szedő Lévi Ábrahámon keresztül tizedet adott Melkisédeknek. 10 Hiszen, amikor Ábrahám Melkisédekkel találkozott, Lévi még meg sem született, hanem Ábrahám testében volt.

11 A Törvényt Isten a lévita papsággal[b] együtt adta a népnek. De ezen az úton a szellemi tökéletességet nem lehet elérni. Ezért volt szükség arra, hogy egy teljesen másféle pap jöjjön el. Ez az új pap pedig Melkisédek rendjéből, és nem Áron rendjéből való! 12 Ha pedig a papság rendszere megváltozik, akkor vele együtt a Törvény is megváltozik — legalábbis a papságra vonatkozó része. 13 Jézus Krisztus, akiről beszélünk, nem Lévi törzséből származott, hanem egy másikból, amelyből senki sem végzett papi szolgálatot az oltárnál. 14 Mert nyilvánvaló, hogy Urunk, Jézus, Júda törzséből származott. Mózes pedig semmit nem mondott Júda törzsével kapcsolatban a papokról.

15 Még világosabb, hogy milyen nagy változást is jelentett mindez, amikor Jézus — a Melkisédekhez hasonló, másfajta pap — megjelent. 16 Jézus ugyanis nem az emberi származása alapján lett pap, hanem a benne lévő elpusztíthatatlan élet hatalma által. 17 Hiszen róla ezt mondja az Írás: „Örökké pap vagy, Melkisédek rendje szerint."[c]

18 Ezzel a régi rend félre van állítva, mert gyengének és eredménytelennek bizonyult, 19 hiszen a Törvény senkit sem tudott tökéletessé tenni. Most azonban Isten sokkal jobb reménységet adott nekünk, amely által közel jöhetünk hozzá.

20 Az is fontos, hogy Isten az esküjével tette Jézust főpappá. 21 A régi papság rendjében eskü nélkül léptek szolgálatba a papok, Jézus azonban úgy lett főpap, hogy Isten megesküdött és ezt mondta neki:

„Megesküdött az Örökkévaló,
    és vissza nem vonja:
»Te mindörökké pap leszel.«"[d]

22 Ez az eskü azt is jelenti, hogy Jézus egy új és jobb szövetségért vállalt kezességet.

23 A régi papság rendjében sok főpap következett egymás után, hiszen mindannyian halandók voltak, s nem maradhattak örökké szolgálatban. 24 Jézus azonban örökké él, így örökké pap marad. 25 Ezért minden időben meg tudja menteni azokat, akik az ő segítségével jönnek Istenhez. Hiszen Jézus örökké él, és mindig segít nekünk, ha Istenhez jövünk, mert a mi érdekünkben emel szót Isten előtt.

26 Ilyen főpapra van szükségünk, aki szent, hibátlan és bűntelen, a bűnösöktől elkülönített, és akit Isten a Menny fölé emelt! 27 Nem olyan, mint azok a főpapok a régi papság rendjében, akiknek naponta kell véres áldozatokat vinniük Istennek: először a saját bűneikért, azután a nép bűneiért. Jézus ellenben csak egyetlenegy áldozatot vitt Istennek, de az mindörökre érvényes: saját magát adta oda áldozatul! 28 Mert a Törvény halandó embereket tesz főpappá, akikben megvannak az emberi gyengeségek. A Törvény után azonban Isten szava és esküje következik, amellyel főpappá tette a Fiút, aki örökké tökéletes.

CSÜTÖRTÖK

OLVASD EL:
1 Mózes 14; Zsidók 7

IMÁK:
Zsidók 7:25

Igevers

MÁSOLD LE A
NAPI IGEVERSEKET
A BIBLIÁDBÓL.

Megfigyelés

JEGYEZZ FEL
EGY-KÉT MEGFIGYELÉST
AZ IGESZAKASZBÓL.

Átültetés

ÍRJ LE EGY-KÉT
GONDOLATOT, AMIT
AZ OLVASOTTAKBÓL
ÁTÜLTETHETSZ A
GYAKORLATBA.

Köszönet / Kérés

KÖSZÖND MEG
ISTENNEK, AMIT MA
TANULTÁL. / KÉRJ
ISTENTŐL A SZÍVED
MÉLYÉBŐL.

CSÜTÖRTÖK

Áhítat: 1. Hét

IMÁK

Zsidók 7:25

„Ezért minden időben meg tudja menteni azokat, akik az ő segítségével jönnek Istenhez. Hiszen Jézus örökké él, és mindig segít nekünk, ha Istenhez jövünk, mert a mi érdekünkben emel szót Isten előtt."

ELMÉLKEDÉS

Ahogy Abrám története kibontakozik, látjuk, hogy Isten vele van. Abrám ígéretbe vetett hite nőttön-nőtt, és Mózes 1. könyvének írója bemutatja nekünk, olvasóknak, hogy Isten hűségesen megtartotta az ígéretét.

Lót úgy döntött, hogy Sodomához közel telepszik le, de hamarosan kiderült, hogy ez a döntés milyen veszélyeket és katasztrófát eredményezett az életében. Amikor Lótot és családját fogságba ejtette a négy király, unokaöccse Abrámot hívta segítségül. Isten megígérte Abrámnak, hogy nagy néppé teszi, és ahogy a vagyona és hatalma egyre nőtt, egyértelművé vált, hogy diadala Istentől származik.

Abrám csatába vonult, és előzte ellenségeit. Visszaszerzett mindent, ami elveszett, és kiszabadította a foglyokat. Abrám cselekedeteiben annak az Istennek az ereje nyilvánult meg, aki vele volt; egy Istené, aki elpusztítja az ellenségét és kiszabadítja a foglyokat.

A Biblia papokról először az 1 Mózes 14-ben tesz említést, amikor beszámol Melkisédekről, Sálem királyáról. Amikor Abrám és Melkisédek találkoztak, Abrám azonnal felismerte benne a Fenséges Isten papját. Abrám mindenből tizedet adott Melkisédeknek: visszaadott az Úrnak abból, amit kapott. Abrám tanúságot tett arról, hogy hisz Isten áldásról szóló ígéretében, hiszen ellentétben az egyiptomi fáraó esetével, akitől vagyont és ajándékokat fogadott el, most visszautasította a sodomai király ajándékait, mert hitt abban, hogy Isten gondoskodik róla, és megáldja.

Jézus, csakúgy, mint Melkisédek Isten által kijelölt, nem pedig vérvonal szerinti főpap volt. Ő Isten elé járulhat a mi érdekünkben, és megtisztíthat minket a bűneinktől, mivel Ő maga nem vétkezett. Ő a mi Főpapunk, aki mindig közbenjár értünk Istennél. Csak Ő tud minket teljesen megmenteni. Belé helyezhetjük a teljes hitünket, biztosak lehetünk az Ő ígéreteiben és abban, hogy megtartja őket. Ő tud minket megmenteni, Ő jár közben értünk, Ő pusztítja el az ellenséget, és Ő szabadítja ki a foglyokat.

IMA

Úr Jézus, te vagy a Főpap mindörökre. Te szabadítasz meg engem, Te járulsz Isten elé az én érdekemben, és Te mentesz meg az ellenségtől. Segíts, hogy továbbra is erős legyen a Beléd vetett hitem, hogy elhiggyem, amit megígérsz, azt meg is cselekszed. Ámen.

PÉNTEK

1. Hét Igerészek

1 Mózes 15

15:1 Ezek után az Örökkévaló látomásban szólt Abrámhoz:

„Ne félj, Abrám!
  Én vagyok a pajzsod,
  és bőséges lesz a jutalmad!"

2 De Abrám így felelt: „Ó Uram, Örökkévaló! Mit ér nekem a jutalom, ha gyermektelenül halok meg, és a damaszkuszi Eliézer lesz az örökösöm!" 3 Látod, nem adtál nekem gyermeket, és minden vagyonom ezé a szolgámé lesz!

4 Az Örökkévaló azonban ezt válaszolta: „Nem Eliézer örököl utánad! A saját fiad, aki tőled származik — ő lesz az örökösöd!" 5 Majd az Örökkévaló kivitte Abrámot a szabad ég alá, és ezt mondta: „Nézz föl az égre, Abrám! Számold meg a csillagokat, ha tudod![a] Így lesz az utódaiddal is!"

6 Abrám pedig hitt az Örökkévalónak, aki ezért igaznak fogadta el őt.

7 Ezután az Örökkévaló ismét megszólította Abrámot: „Én vagyok az Örökkévaló, aki kihoztalak Úr városából, Babilóniából, hogy neked adjam ezt a földet örökségül."

8 De Abrám így válaszolt: „Ó Uram, Örökkévaló! Hogyan lehetek biztos benne, hogy valóban én fogom örökölni ezt a földet?"

9 Az Örökkévaló ezt válaszolta: „Hozz nekem egy üszőborjút, egy nőstény kecskét és egy kost — mindegyik három éves legyen —, azután egy gerlét és egy galambfiókát!"

10 Abrám elhozta ezeket az állatokat, levágta őket, és a madarak kivételével kettévágta azokat. Az egyes állatok fél-darabjait egymással szemben helyezte el, de a madarakat nem vágta ketté. 11 Ragadozó madarak jelentek meg, lecsaptak a húsra, Abrám azonban elzavarta őket.

12 Napnyugtakor Abrám mély álomba zuhant, sűrű sötétség borította be, és rémület szállt rá. 13 Ekkor az Örökkévaló szólt hozzá: „Abrám, tudd meg, hogy leszármazottaid idegenek és jövevények lesznek egy olyan országban, amely nem az övék. Ott rabszolgákká teszik, és kegyetlenül elnyomják őket 400 éven keresztül. 14 Én azonban ítéletet tartok a nép fölött, amely szolgaságba kényszeríti őket, s azután utódaid kijönnek abból az országból nagy gazdagsággal.

15 Te pedig, Abrám, békességben és bőségben élsz hosszú ideig, azután az élettel betelve és megelégedetten térsz nyugovóra.

16 Utódaid csak négy nemzedékkel később jönnek vissza erre a földre, mert az emóri nép gonoszsága akkorra éri el a teljességét."

17 Miután a nap lement, és leszállt az éj, megjelent egy izzó parázzsal telt füstölgő edény és egy lángoló fáklya, s ezek átmentek[b] a kettévágott állatok darabjai között.

18 Amikor ez megtörtént, akkor kötött az Örökkévaló szövetséget Abrámmal, és ezt mondta neki: „Abrám, utódaidnak adtam ezt a földet, amely Egyiptom határától[c] a nagy folyamig, az Eufrateszig terjed. Ez a föld most 19 a kéniek, kenizziek, kadmóniak, 20 a hettiták, perizziek, refáiak, 21 emóriak, kánaániak, girgásiak és jebúsziak birtokában van."

Róma 4:1–5

4:1 Mit mondjunk arról, amit Ábrahám — népünk ősapja — tapasztalt a hittel kapcsolatban? 2 Ha Ábrahám a tettei alapján lett volna elfogadható Isten számára, akkor dicsekedhetne. De Isten előtt nincs mivel dicsekednie! 3 Nézzük csak, mit mond erről az Írás: „Ábrahám hitt Istenben, Isten pedig elfogadta Ábrahám hitét. Így lett Ábrahám Isten számára elfogadható."[a]

4 Aki dolgozik, annak nem ajándékot adnak, hanem jogos fizetést kap a munkájáért. 5 De a tettei alapján senki nem lesz elfogadható Isten számára. Bíznia és hinnie kell Istenben, aki a bűnös embert a hite alapján fogadja el.

Róma 4:20–25

20 Ellenkezőleg, Isten ígéretét tartotta a szeme előtt. Nem kételkedett abban, hogy amit Isten megígért neki, azt meg is fogja tenni. Hite megerősödött, és dicsőséget adott Istennek. 21 Teljesen meg volt győződve arról, hogy Isten meg tudja tenni, amit megígért.

22 Ezért mondja az Írás: „Isten elfogadta Ábrahám hitét, és ő ez által lett Isten számára elfogadhatóvá."[a] 23 Azonban nem csak Ábrahámra vonatkozik, amikor ezt mondja: „Isten elfogadta Ábrahám hitét", 24 hanem ránk is, mert mi is hiszünk, és a hitünk alapján fogadott el bennünket Isten. Igen, hiszünk abban, aki feltámasztotta Urunkat, Jézust a halálból. 25 Neki ugyanis a bűneink miatt kellett meghalnia, és azért támadt fel a halálból, hogy mi Isten számára elfogadhatók legyünk.

JEGYZETEK

PÉNTEK

OLVASD EL:
1 Mózes 15; Róma 4:1–5, 20–25

IMÁK:
1 Mózes 15:6

Igevers

MÁSOLD LE A
NAPI IGEVERSEKET
A BIBLIÁDBÓL.

Megfigyelés

JEGYEZZ FEL
EGY-KÉT MEGFIGYELÉST
AZ IGESZAKASZBÓL.

Átültetés

ÍRJ LE EGY-KÉT
GONDOLATOT, AMIT
AZ OLVASOTTAKBÓL
ÁTÜLTETHETSZ A
GYAKORLATBA.

Köszönet / Kérés

KÖSZÖND MEG
ISTENNEK, AMIT MA
TANULTÁL. / KÉRJ
ISTENTŐL A SZÍVED
MÉLYÉBŐL.

PÉNTEK

Áhítat: 1. Hét

IMÁK

1 Mózes 15:6

„*Abrám pedig hitt az Örökkévalónak, aki ezért igaznak fogadta el őt.*"

ELMÉLKEDÉS

Bár Abrám tettei nem minden esetben tanúskodtak rendíthetetlen hitről, kétségkívül hitte, hogy Isten beteljesíti az ígéreteit. Abrám megkérdezte Istentől, miként fogja megtartani a nagy ígéreteit, az ígéreteket, melyeknek beteljesülése lehetetlennek tűnt Abrám kora miatt. Isten a kételyek közepette megnyugtatta Abrámot, és emlékeztette arra, kicsoda Ő. Abrám pedig hitt neki, és ezért Isten igaznak fogadta el őt.

Abrám a hitén keresztül vált igazzá Isten előtt. Ez nem azt jelenti, hogy ne vétkezett vagy ne tévedett volna, csupán azt, hogy Isten igazzá tette őt, ez pedig csakis Neki áll hatalmában. Isten lehetővé tette, hogy Abrám igazként álljon meg előtte, és többé nem számította fel neki a bűneit. Abrámot az tette igazzá, hogy Isten annak tekintette őt.

Pál a Róma 4-ben részletesen tárgyalja, mit is jelent az, hogy Abrám a hite által vált igazzá. Nem a cselekedetei, egyedül a hite miatt. Abrámhoz hasonlóan mi is csak hit által menekülhetünk meg. Nem a tetteink, hanem a Krisztusba vetett hitünk az életmentő.

A Biblia minden szereplőjének esetében olvashatunk bűnökről, hibákról és hitetlenségről, egyvalakit kivéve: Jézus Krisztust. Ő élt egyedül bűntelen életet, Ő az egyetlen, aki a tettei által is igazzá válhat. Nekünk pedig az Ő igazságából adatik akkor, ha Belé vetjük a hitünket.

Abrám biztos volt abban, hogy Isten meg tudja tenni, amit ígért neki: örököst és földet adhat neki, és áldássá teheti. Számunkra az, hogy Jézusba vetjük a hitünket azt jelenti, hogy elhisszük, Isten megcselekszi, amit megígért. Azt jelenti, hogy elhisszük, Krisztus tökéletes élete és a kereszten bemutatott áldozata elég ahhoz, hogy mi is igazzá váljunk Isten előtt. Krisztus igazsága adatik nekünk, ha hiszünk Őbenne.

Isten ugyanúgy keresi a hitünket, ahogy kereste Abrámét is. Nincs szüksége rá, és nem is akarja, hogy tökéletesek legyünk, vagy hogy hatalmas dolgokat vigyünk véghez Érte. A hitünk az, ami igazzá tesz bennünket.

IMA

Uram, Beléd helyezem a hitemet. Hiszem, hogy csak a Jézus Krisztusba vetett hit által válhatok igazzá előtted. Jézusban bízok, hiszem, hogy nekem is felszámítod az Ő igazságát. Ámen.

ELMÉLKEDŐ KÉRDÉSEK

1. Hogyan nyert áldást a föld minden családja Abrám által? Teljesült ez az ígéret?

2. Abrám elhitte, hogy Isten betölti minden szükségét? Nehezedre esik elhinni, hogy Isten a te szükségeidről is gondoskodik? Miért vagy miért nem?

3. Hogyan próbáltad a saját erődből teljesíteni Isten ígéreteit? Milyen volt, amikor úgy viselkedtél, mint aki hittel cselekszik és elhiszi, hogy Isten betölti a szükségeit?

4. Van olyan ígérete Istennek, amit különösen nehezedre esik elhinni? Mi az? Miért okoz nehézséget hinni abban, hogy Isten teljesíti?

5. Átadtad Krisztusnak az életedet? Elhiszed, hogy Isten neked adja az Ő igazságát? Miért vagy miért nem?

JEGYZETEK

JEGYZETEK

2. HÉT

Akkor Hágár felkiáltott:
„Te vagy az Isten, aki lát engem!"
Így nevezte Hágár az Örökkévalót,
aki beszélt vele. Majd azt gondolta:
„Valóban láttam Istent, és mégis élek?"

1 MÓZES 16:13

IMA

Heti imatéma:
Imádkozz az országodért!

HÉTFŐ

KEDD

SZERDA

CSÜTÖRTÖK

PÉNTEK

KIHÍVÁS

Ezen a héten figyeld meg, hogy az igeszakaszok Isten jellemének milyen részleteit fedik fel! Vannak köztük újak, esetleg szokatlanok, amelyeket szívesebben megértenél mélyebben? Kérd Istent, hogy jobban meg tudd érteni az Ő jellemét! Ezen a héten szánj extra időt arra, hogy tanulmányozod Isten egy olyan személyiségjegyét, ami számodra új, vagy szokatlan volt!

HÉTFŐ

2. Hét Igerészek

1 Mózes 16:1–6

16:1 Száraj, Abrám felesége nem szült még gyermeket, de volt egy fiatal egyiptomi szolgálója, Hágár. 2 Azt mondta hát Száraj Abrámnak: „Kérlek, figyelj rám! Az Örökkévaló nem engedte meg, hogy gyermeket szüljek. Tedd meg hát a kedvemért, hogy hálj a szolgálómmal, Hágárral — akkor talán ő majd szül neked gyermeket, akit a sajátomnak tekinthetek!" Abrám beleegyezett. 3 Így hát Abrám felesége, Száraj a férjének ajándékozta Hágárt, egyiptomi szolgálóját, hogy Abrám felesége legyen[a]. Ez tíz évvel azután történt, hogy Abrám Kánaán földjére érkezett.

4 Abrám együtt hált Hágárral, aki várandós lett. Mikor azonban Hágár észrevette, hogy gyermeket vár, úrnőjét, Szárajt már nem tisztelte úgy, mint addig. 5 Ezt azután Száraj elpanaszolta Abrámnak: „Látod, hogy viselkedik velem Hágár, és te nem teszel semmit! Igaz, én adtam neked a szolgálómat, de amióta terhes lett, már nem tisztel úgy, mint azelőtt! Az Örökkévaló legyen bíró közted és közöttem!"

6 Abrám így felelt: „Száraj, Hágár mégiscsak a te szolgálód! Tegyél vele, amit akarsz!" Ettől fogva Száraj keményen és rosszul bánt Hágárral, aki végül megszökött úrnőjétől.

Példabeszédek 3:5

5 Bízz az Örökkévalóban teljes szívvel,
   és ne menj a saját fejed után!

Példabeszédek 16:9

9 Terveidet a szíved készíti,
   de lépteidet az Örökkévaló irányítja.

HÉTFŐ

OLVASD EL:
1 Mózes 16:1–6; Példabeszédek 3:5, 16:9

IMÁK:
Példabeszédek 3:5

Igevers

MÁSOLD LE A
NAPI IGEVERSEKET
A BIBLIÁDBÓL.

Megfigyelés

JEGYEZZ FEL
EGY-KÉT MEGFIGYELÉST
AZ IGESZAKASZBÓL.

Átültetés

ÍRJ LE EGY-KÉT
GONDOLATOT, AMIT
AZ OLVASOTTAKBÓL
ÁTÜLTETHETSZ A
GYAKORLATBA.

Köszönet / Kérés

KÖSZÖND MEG
ISTENNEK, AMIT MA
TANULTÁL. / KÉRJ
ISTENTŐL A SZÍVED
MÉLYÉBŐL.

HÉTFŐ

Áhítat: 2. Hét

IMÁK

Példabeszédek 3:5

„Bízz az Örökkévalóban teljes szívvel, és ne menj a saját fejed után!"

ELMÉLKEDÉS

Az 1 Mózes 12-ben Isten ígéretet tett Abrámnak. Sok utódot ígért neki, saját földet és azt, hogy áldássá teszi őt a föld minden népe számára. Az 1 Mózes 16-ig azonban évek telnek el, mégsem látunk semmit Isten ígéreteiből. Isten ugyan folyamatosan megerősítette az Abrámnak tett ígéretét és szövetséget is kötött vele annak megszilárdítására – Abrámnak azonban még mindig várnia kellett.

Először az éhínség miatt került veszélybe az ígéret. A föld kietlen lett, nem termett rajta élelem, még Abrámot és a háztartását sem tudta eltartani, nemhogy a megígért utódokat, akik annyian lettek volna, hogy számba sem lehet venni őket. Abrám ezért elment Egyiptomba, ahonnan nagy vagyonnal tért vissza, köztük számos szolgálólánnyal. Hágár valószínűleg ezen szolgálólányok egyike volt.

Csakúgy, mint éhínség idején a föld, Sára is terméketlen volt. Nem tudott gyermeket szülni. Hogyan teljesíthetné Isten a sok utódról szóló ígéretét, ha Abrám felesége nem csupán terméketlen, de már túlkoros is a gyermekvállaláshoz? Abrám kételkedni kezdett. Úgy tűnt, hogy a terméketlenség meghaladja Isten lehetőségeinek határait, így Abrám ismét Egyiptomhoz fordult menedékért.

Azzal, hogy Abrám úgy döntött, gyermeket nemz Hágárnak, a saját kezébe vette a dolgokat. Tudta, hogy mit ígért Isten, de nem hitte, hogy az Úr az ő segítsége nélkül teljesíteni tudná azt. Abrám sok csodás dologgal gazdagodott, amikor távozott Egyiptomból, de ezek közül az egyik további kétkedésre sarkallta. Bár a Hágártól született fiú is csodálatos áldás volt, nem ezt ígérte Isten. Lehet, hogy ki tudjuk menteni magunkat kétségbeejtő helyzetekből (mint az éhínség vagy a gyermektelenség), azonban időnként ezek a nagyszerű dolgok nem egyenlőek azzal a legjobbal, amit Isten készített el a számunkra.

Ahogy tovább követjük Abrám történetét, meglátjuk, hogy a hitetlensége ezekben a helyzetekben milyen feszültséget és küzdelmet eredményezett a családjában, de látni fogjuk azt is, hogy semmi sem állhat Isten ígéretének az útjába, még a mi hősies kísérleteink sem, melyekkel magunkat mentenénk.

IMA

Mennyei Atyám, egyedül Te vagy az Ígéretek Megtartója. Megvallom, hogy folyamatosan próbálom magam teljesíteni a Te ígéreteidet. Segíts a hitetlenségemen! Segíts, hogy Benned bízzak, és ne a saját fejem után menjek! Egyedül Te tudod, mi a legjobb nekem. Ma is a Benned való bizalmat választom. Ámen.

KEDD

1 Mózes 16:7–15

7 Hágár a Súrba vezető úton indult el, és éppen egy forráshoz ért, amikor az Örökkévaló angyala megjelent, és megszólította: 8 „Hágár, Száraj szolgálója! Honnan jössz, és hová mész?"

„Úrnőm, Száraj elől menekülök" — válaszolta Hágár.

9 „Menj csak vissza úrnődhöz, és engedelmeskedj neki!" — mondta az Örökkévaló angyala.

10 Majd hozzátette: „Annyira megsokasítom utódaidat, hogy meg sem lehet őket számolni."

11 Azután ismét szólt hozzá:
„Figyelj rám! Gyermeket vársz,
     és fiút fogsz szülni.
Izmáelnek[a] nevezd,
     mert meghallgatott téged az Örökkévaló,
     sok szenvedésed között!
12 Izmáel vad lesz és féktelen,
     mint a pusztai vadszamár,
szembeszáll mindenkivel,
     és mindenki ellene lesz,
     mégis rokonai közelében fog lakni."

13 Akkor Hágár felkiáltott: „Te vagy az Isten, aki lát engem!" Így nevezte Hágár az Örökkévalót, aki beszélt vele. Majd azt gondolta: „Valóban láttam Istent, és mégis élek?" 14 Ezért hívják azt a forrást ma is így: „Az Élő Isten forrása, aki lát engem" — ott található Kádés és Bered között. 15 Ezután Hágár visszatért, majd fiút szült Abrámnak, aki Izmáelnek nevezte a fiát.

KEDD

OLVASD EL:
1 Mózes 16:7–15

IMÁK:
1 Mózes 16:13

Igevers

MÁSOLD LE A
NAPI IGEVERSEKET
A BIBLIÁDBÓL.

Megfigyelés

JEGYEZZ FEL
EGY-KÉT MEGFIGYELÉST
AZ IGESZAKASZBÓL.

Átültetés

ÍRJ LE EGY-KÉT
GONDOLATOT, AMIT
AZ OLVASOTTAKBÓL
ÁTÜLTETHETSZ A
GYAKORLATBA.

Köszönet / Kérés

KÖSZÖND MEG
ISTENNEK, AMIT MA
TANULTÁL. / KÉRJ
ISTENTŐL A SZÍVED
MÉLYÉBŐL.

KEDD
Áhítat: 2. Hét

I M Á K

1 Mózes 6:13

„Akkor Hágár felkiáltott: 'Te vagy az Isten, aki lát engem!' Így nevezte Hágár az Örökkévalót, aki beszélt vele. Majd azt gondolta: 'Valóban láttam Istent, és mégis élek?'"

ELMÉLKEDÉS

Amikor Abrám és Száraj nem látott más utat Isten ígéretének teljesülésére, Hágárt használták arra, hogy Abrámnak fia szülessen. Amikor Hágár várandós lett, Száraj megvetette és kegyetlenül bánt bele.

Hágárnak hatalmas szüksége volt reménységre és segítségre. Elmenekült, de Isten találkozott vele a pusztában. Amikor Hágár elmenekült a rossz bánásmód elől, Isten látta őt. Hágár hitte, hogy Isten az, akinek mondja magát és megteszi, amit ígért. Az a hit, amiről Hágár a kétségbeesés idején tanúságot tett, az, amit Isten vár a népétől.

Hágár hite abban mutatkozott meg, ahogy Istennel beszélt: El Roinak nevezte Őt, ami annyit jelent, „Te vagy az Isten, aki lát engem." Hitte, hogy Isten látja őt, és továbbra is látni fogja minden körülmények között, minden helyzetben. Hágár az első, akiről feljegyezte a Biblia, hogy megnevezte Istent. Istennek adott neve jelzi, hogy reménysége és bizalma volt Isten jellemében és abban, hogy még rá, a jövevényre is gondot visel. Az, ahogyan Isten Hágárról gondoskodik a sivatagban megmutatja, milyen nagy gonddal viseltet a jövevények iránt, ez a téma pedig újra és újra megjelenik Mózes 1. könyvében.

Isten hatalmas ígéretet tett Abrámnak, de ennek az ígéretnek Szárajon keresztül kellett beteljesülnie, neki kellett lennie az ígért örökös édesanyjának. Azonban amikor Isten a sivatagban találkozott Hágárral, Abrám magjának hordozójaként Isten őt is megajándékozta egy ígérettel: megígérte neki, hogy megsokasítja Hágár utódait, és hogy a nehéz körülmények között is gondot visel rá.

Hágár valószínűtlen példája a hitnek, különösen Abrám és Száraj történetében. Míg Száraj úgy döntött, a saját erejére támaszkodik, Hágár Istenhez kiáltott. Ez minket is emlékeztet arra, hogy Isten látja a kétségeinket és nyomorúságunkat, és válaszol, ha Hozzá kiáltunk. Míg jelen esetben Abrám és Száraj nem voltak jó példái annak, hogyan kell a kétség idején Istenhez kiáltani, Hágár, a jövevény, a szolga példát mutat nekünk arra, hogyan tegyük le várakozó szívvel a szükségeinket Isten elé.

IMA

Te vagy az az Isten, aki lát engem. Hiszem, hogy a kétségek idején is gondot viselsz rám. Uram, ma eléd helyezem a terheimet. Hozzád kiáltok, úgy, ahogy a vadonban Hágár is tette, és kérlek, töltsd be a szükségeimet úgy, ahogyan csak Te tudod. Rád bízom a helyzetemet. Ámen.

SZERDA

1 Mózes 17

17:1 Amikor Abrám 99 éves lett, az Örökkévaló ismét megjelent neki, és megszólította:
„Én a Mindenható Isten[a] vagyok,
   te pedig élj a jelenlétemben,
   és senki ne vádolhasson téged!
2 Szövetséget kötök veled,
   és nagyon megsokasítom utódaidat."

3 Akkor Abrám a földre borult Isten előtt, aki így folytatta: 4 „Lásd, ez az én részem a szövetségből: Sok nép atyjává teszlek. 5 A neved sem Abrám[b] lesz, hanem Ábrahám[c], mert sok nép atyjává tettelek. 6 Nagyon megsokasítalak, nemzeteket támasztok belőled, és királyok származnak tőled. 7 Szövetséget kötök veled, és nemzedékről-nemzedékre utódaiddal is: örök szövetséget, hogy Istened leszek, és nekik is Istenükké leszek. 8 Kánaán földjét pedig, amelyen most jövevény vagy, neked és utódaidnak adom örök birtokul, és Istenükké leszek."

9 Azután ezt mondta Isten Ábrahámnak: „A te részed a szövetség szerint: tartsd meg szövetségemet, és utódaid is őrizzék meg, nemzedékről-nemzedékre! 10 Ez az én szövetségem, amelyet veled és utódaiddal kötöttem, s amelyet meg kell tartanotok: minden fiút és férfit metéljetek körül! 11 Ez legyen a jele szövetségemnek, melyet veled kötöttem, hogy körülmetélitek a férfi testének előbőrét! 12 Az újszülött fiúknál ezt nyolcnapos korukban végezzétek el, nemzedékről-nemzedékre! Minden fiúgyermekre vonatkozik ez, akár a családod tagja, akár nem — még a pénzen vett rabszolgára is. 13 Igen, körül kell metélnetek minden fiúgyermeket, akár a saját fiad, akár a rabszolgád gyermeke. Hordozzátok örök szövetségem jelét a testeteken!

14 Aki pedig közöttetek férfi létére nincs körülmetélve, az megtörte szövetségemet, ezért ki fogják irtani népe közül."

15 Azután Isten folytatta: „Ami pedig a feleségedet, Szárajt[d] illeti, ne nevezd többé így, hanem Sára[e] legyen a neve! 16 Én pedig megáldom őt: fiút adok neked Sárától. Bizony, megáldom Sárát, nemzetek anyjává teszem, és népek királyai származnak tőle."

17 Ekkor Ábrahám a földre borult Isten előtt, de magában nevetett, és azt gondolta: „Ugyan, hogy lehetne száz éves koromban fiam? Hát Sára hogyan szülhetne 90 éves létére?"

18 De hangosan csak ezt válaszolta: „Bárcsak jóindulattal lennél Izmáel iránt!"

19 „Nem úgy, Ábrahám! — felelt Isten. — Sára, a feleséged szül neked fiút, akit nevezz Izsáknak![f] Én pedig örök szövetséget kötök Izsákkal és utódaival is.

20 Azonban meghallgattam kérésedet Izmáel felől: lásd megáldottam, megszaporítom és megsokasítom őt is. Tizenkét fejedelem lesz utódai között, és nagy nemzetté teszem. 21 De szövetséget csak Izsákkal kötök, akit Sára egy év múlva fog neked szülni."

22 Ezzel Isten befejezte a beszélgetést Ábrahámmal, és fölment tőle.

23 Még ugyanezen a napon Ábrahám megtette, amit Isten parancsolt neki. Izmáelt, meg háza férfi szolgáit, és azok fiait — akár a házánál születtek, akár pénzért vett rabszolgák voltak — mind összehívta, és megparancsolta, hogy végezzék el a körülmetélést. 24-26 Ábrahám 99 éves, a fia, Izmáel pedig 13 éves volt, amikor mindketten körülmetélkedtek. 27 Ugyanazon a napon körülmetélkedtek Ábrahám összes fiú és férfi szolgái is — akár a házánál születtek, akár pénzért vett rabszolgák voltak.

Róma 4:9–12

9 Vajon csak a körülmetéltek juthatnak el erre a boldog állapotra, vagy a körülmetéletlenek is? Ezt mondja erről az Írás: „Ábrahám hitt Istenben, aki ezért elfogadta őt." 10 De mikor történt ez? Körülmetélkedése előtt vagy után? Bizony, még előtte! 11 A körülmetélés jelét Ábrahám éppen annak bizonyítékául kapta, hogy őt körülmetéletlen állapotában, a hite alapján Isten már elfogadta. Így ősapjává lett minden olyan hívőnek is, aki ugyan nincs körülmetélve, Isten mégis elfogadja. 12 Ugyanakkor Ábrahám azoknak a hívőknek is ősapja, akik körül vannak metélve, és ezen felül ugyanúgy hisznek Istenben, mint ahogyan Ábrahám hitt, amikor még nem volt körülmetélve.

Galata 6:12–16

12 Akik megpróbálják rátok erőltetni, hogy körülmetélkedjetek, azok az emberek tetszését keresik. Attól félnek, hogy ha egyedül csak Krisztus keresztjét[a] hirdetik, akkor üldözni fogják őket. 13 Ők körül vannak metélve ugyan, de maguk sem tartják be a Törvény előírásait. Csak azért akarják, hogy körülmetélkedjetek, hogy majd ezzel a testi formasággal dicsekedhessenek.

14 Engem azonban Isten őrizzen attól, hogy mással dicsekedjem, mint Urunk, Jézus Krisztus keresztjével! A kereszten a világ meghalt a számomra, és én is meghaltam a világnak.[b] 15 Mert sem a körülmetélkedés, sem a körülmetéletlenség nem számít. Kizárólag az új teremtménynek[c] van értéke. 16 Békesség és irgalom mindazoknak, akik ezen igazság szerint élnek, és Isten Izráelének!

JEGYZETEK

SZERDA

OLVASD EL:
1 Mózes 17; Róma 4:9–12; Galata 6:12–16

IMÁK:
Galata 6:14–15

Igevers

MÁSOLD LE A
NAPI IGEVERSEKET
A BIBLIÁDBÓL.

Megfigyelés

JEGYEZZ FEL
EGY-KÉT MEGFIGYELÉST
AZ IGESZAKASZBÓL.

Átültetés

ÍRJ LE EGY-KÉT
GONDOLATOT, AMIT
AZ OLVASOTTAKBÓL
ÁTÜLTETHETSZ A
GYAKORLATBA.

Köszönet / Kérés

KÖSZÖND MEG
ISTENNEK, AMIT MA
TANULTÁL. / KÉRJ
ISTENTŐL A SZÍVED
MÉLYÉBŐL.

SZERDA

Áhítat: 2. Hét

IMÁK

Galata 6:14–15

„Engem azonban Isten őrizzen attól, hogy mással dicsekedjem, mint Urunk, Jézus Krisztus keresztjével! A kereszten a világ meghalt a számomra, és én is meghaltam a világnak. Mert sem a körülmetélkedés, sem a körülmetéletlenség nem számít. Kizárólag az új teremtménynek van értéke."

ELMÉLKEDÉS

A szövetség lényege az, hogy mindkét félnek tartania kell magát bizonyos szabályokhoz vagy teljesítenie kell bizonyos kötelezettségeket. Habár ma már nem mindig szövetségnek nevezzük ezeket, mégis időről-időre szerződéses vállalásokat teszünk. A házastársi szövetség szerint a férj és a feleség szeretni és tisztelni fogja egymást, és hűek maradnak egymáshoz. A tulajdonos és a bérlő közötti szerződés szerint a bérlő nem tesz kárt az ingatlanban, de ha mégis, akkor annak anyagi következményei lesznek.

Az Istennel kötött szövetségek nem ilyenek. Ha Isten szövetséget köt, akkor az többet árul el az Ő jelleméről és a képességéről, hogy megtartsa az ígéreteit, mint arról, akivel a szövetséget köti.

Az ábrahámi szövetség akkor szilárdult meg, amikor Isten ígéretet tett Abrámnak. Egy évtizeddel később Isten Abrám nevét Ábrahámra változtatta, és új feltétellel egészítette ki a szövetséget. Abrám nevének megváltoztatása az jelezte, hogy a körülményekben is változás állt be: egy éven belül Isten fiút ad neki Szárajtól. Új neveik, az Ábrahám és Sára, emlékeztetők voltak Isten megújított ígéretére és vállalására. Azonban nem az új szövetség feltétele – a körülmetélés – mentette meg Ábrahámot, hanem a hite. A körülmetélés egy jel volt, amit Isten Ábrahámnak, a háza népének, és minden olyan embernek adott, aki ismerni fogja Ábrahámot, hogy egyértelmű legyen, Isten őt különválasztotta a Maga számára. A körülmetélés annak a jele, hogy Ábrahám és a családja önkéntes résztvevői Isten szövetségének.

Ahogy a körülmetélés nem mentette meg Ábrahámot és nem tette igazzá, úgy a mai cselekedeteink sem mentenek meg minket. Ábrahám már azelőtt igaznak számított, hogy bármit is tett volna azért, hogy ezt kiérdemelje. Ábrahám nem büszkélkedett a tetteivel, mivel Isten választotta ki, és egyedül az Ő kegyelme mentette meg. Semmi más, csak a hit ment meg bennünket. Semmit sem tehetünk azért, hogy kiérdemeljük a megváltást. Isten a Fián keresztül erősítette meg a szövetséget, ami egyedül az Ő igazságán alapszik. Jézus miatt számítunk mi is igaznak. Ez Isten ingyenes ajándéka, amit csakis a Jézus Krisztusba vetett hit által kaphatunk meg.

IMA

Úr Jézus, köszönöm, hogy megmentesz engem. Ha eltölt a törvényeskedés, emlékeztess arra, hogy Rajtad kívül semmivel sem dicsekedhetek: egyedül csak Te tudsz megmenteni engem. Köszönöm, hogy folyamatosan új teremtménnyé formálsz a Te dicsőségedre. Ámen.

CSÜTÖRTÖK

2. Hét Igerészek

1 Mózes 18:1–15

18:1 Később az Örökkévaló ismét megjelent Ábrahámnak, aki akkoriban Mamré tölgyesében táborozott.

A déli hőség idején Ábrahám éppen a sátra bejárata előtt ült, amikor 2 fölnézett, és látta, hogy három férfi áll a sátra előtt. Eléjük sietett, tisztelettel a földre borult, 3 majd ezt mondta: „Uram, kérlek, ne kerüld el szolgád házát! 4 Legyetek a vendégeim! Hadd hozzak egy kis vizet, hogy megmossátok lábatokat! Pihenjetek meg kissé e fa árnyékában! 5 Hozok egy falat kenyeret, hogy felfrissüljetek, mielőtt tovább indultok, ha már erre visz az utatok!"

„Legyen úgy, ahogy mondtad" — válaszolták a férfiak.

6 Akkor Ábrahám besietett Sárához a sátorba, és azt mondta: „Sietve készíts három adag finomlisztből lepényt a vendégeinknek!" 7 Majd a csordához sietett, kiválasztott egy szép fiatal borjút, a szolgájára bízta, hogy hamar vágja le, és készítsen belőle ételt. 8 Azután vette az elkészített húst, sajtot, tejet, és felszolgálta vendégeinek. Amíg a vendégek ettek, Ábrahám szolgálatkészen ott állt mellettük a fa alatt.

9 Azután az egyik vendég megkérdezte: „Ábrahám, hol van Sára, a feleséged?"

„Itt van, bent a sátorban" — felelte Ábrahám.

10 „A megfelelő időben[a] visszajövök hozzád, és a feleségednek, Sárának fia lesz" — mondta a vendég.

Sára eközben a sátor bejáratánál hallgatózott.

11 Ebben az időben már Ábrahám és Sára is igen megöregedett. Sára régen túl volt már azon a koron, amikor valakinek gyermeke születhet. 12 Ezért hitetlenkedve nevetett magában, és ezt gondolta: „Ugyan, ez lehetetlen! Öreg vagyok én már ehhez! Meg a férjem is megöregedett."

13 Ekkor az Örökkévaló megkérdezte Ábrahámtól: „Miért nevetett Sára? Miért gondolja, hogy ő már túl öreg ahhoz, hogy gyermeket szüljön? 14 Vajon van-e valami lehetetlen az Örökkévaló számára? A megfelelő időben visszajövök hozzád, és akkor már fia lesz Sárának!"

15 Sára azonban megijedt, és letagadta: „Nem is nevettem!" — mondta.

„De bizony nevettél!" — mondta az Örökkévaló.

CSÜTÖRTÖK

OLVASD EL:
1 Mózes 18:1–15

IMÁK:
1 Mózes 18:14

Igevers

MÁSOLD LE A
NAPI IGEVERSEKET
A BIBLIÁDBÓL.

Megfigyelés

JEGYEZZ FEL
EGY-KÉT MEGFIGYELÉST
AZ IGESZAKASZBÓL.

Átültetés

ÍRJ LE EGY-KÉT
GONDOLATOT, AMIT
AZ OLVASOTTAKBÓL
ÁTÜLTETHETSZ A
GYAKORLATBA.

Köszönet / Kérés

KÖSZÖND MEG
ISTENNEK, AMIT MA
TANULTÁL. / KÉRJ
ISTENTŐL A SZÍVED
MÉLYÉBŐL.

CSÜTÖRTÖK

Áhítat: 2. Hét

IMÁK

1 Mózes 18:14

„Vajon van-e valami lehetetlen az Örökkévaló számára? A megfelelő időben visszajövök hozzád, és akkor már fia lesz Sárának!"

ELMÉLKEDÉS

Habár sajátságosnak tűnhet, hogy Mózes 1. könyvének szerzője beszámol annak a részleteiről, hogyan készített Ábrahám ételt a három vendégének, ez az esemény egy olyan gondolatot vet felk, amely a történelem során többször megjelenik Isten népének az életében: láthatjuk, milyen szoros kapcsolatban áll Isten szövetsége és a vendéglátás, valamint azt is, hogy Isten népének (vagy bármely más nemzetnek) az erkölcsi hozzáállása hogyan jelenik meg abban, ahogyan az idegent, a jövevényt fogadják.

Amikor a látogatók megérkeztek Ábrahám sátrához, ő azonnal elkezdte előkészíteni az étkezést, méghozzá egy bőséges étkezést. A látogatókról később kiderült, hogy isteni küldöttek. Abban nincs egyetértés, hogy Isten maga jelent-e meg a Szentháromságban, vagy pedig Isten és két angyal érkezett vendégségbe. Akárhogy is, Isten meglátogatta Ábrahámot és vele étkezett.

A Bibliában a közös étkezések a közösségnek, gyakran a szövetség megkötésének a jelei voltak. Jézus megosztotta az utolsó vacsoráját a tanítványaival, megerősítve az Új Szövetséget, amelyet halálával és feltámadásával hozott el. Mi is ennek a szövetséget ünneplő étkezésnek a hagyományát folytatjuk az úrvacsorák alkalmával. Az, hogy Ábrahám megosztotta az ételt Istennel, mutatja, hogy milyen közeli kapcsolatban álltak. A szövetség, amit Isten Ábrahámmal kötött, ebben a közös étkezésben szilárdult meg.

Ez az eset nem sokkal azután történt, hogy Isten biztosította a szövetségről Ábrahámot az 1 Mózes 17-ben. Isten mindkét alkalommal fiút ígért Ábrahámnak és a meddő, túlkoros Sárának. Amikor Sára nevetett az Úr ígéretén, Isten emlékeztette őt arra, ki az, aki az ígéretet tette. Egyedül Ő az, akinek a lehetetlen is lehetséges.

A héber szó, amelyet lehetetlenként fordítunk az 1 Mózes 18:14-ben csodásat, különlegeset, lenyűgözőt is jelent. Ha Isten csodás, különleges, lehetetlen dolgot tett meg Ábrahámért és Sáráért, akkor mi mindent tehet meg érted? Ő még mindig csodatévő Isten. Még mindig lehetetlen dolgokat visz végbe, akkor is, ha mi nevetünk rajta. Semmi sem túl rendkívüli az Úrnak az életedben. Elhiszed ezt?

IMA

Uram, tudom, hogy Neked semmi sem lehetetlen. Te csodás, különleges és lenyűgöző dolgokra vagy képes az életemben. Dicsérlek azért, hogy már megtetted értem a lehetetlent. Istenem, növeld továbbra is a Beléd vetett hitemet, még a lehetetlen dolgokkal kapcsolatban is. Mert semmi sem lehetetlen, semmi sem túl csodálatos a számodra. Ámen.

PÉNTEK

1 Mózes 18:16–33

16 Azután a három vendég tovább indult Sodoma felé, és Ábrahám elkísérte őket, hogy elköszönjön tőlük. 17 Közben az Örökkévaló ezt gondolta: „Eltitkoljam-e Ábrahám elől, amit tenni készülök? 18 Hiszen rajta keresztül áldást nyer a föld minden népe, és belőle erős és hatalmas nemzet származik! 19 Hiszen Ábrahámmal szövetséget kötöttem, hogy gyermekeit és háza népét megtanítsa arra, hogyan járjanak az Örökkévaló útján, hogyan éljenek és cselekedjenek igazságosan és nekem tetsző módon — hogy én is beteljesítsem, amit ígértem neki!"

20 Akkor az Örökkévaló Ábrahámhoz fordult: „Sodoma és Gomora bűne már az égre kiált. Áldozataik hozzám kiáltanak segítségért. 21 Lemegyek hát oda, hogy magam is lássam, valóban olyan gonosz dolgokat tesznek-e, ahogy áldozataik panaszolják, vagy nem."

22 A másik két férfi továbbment Sodoma felé, az Örökkévaló azonban még ott maradt Ábrahám előtt. 23 Akkor Ábrahám közelebb lépett az Örökkévalóhoz, és megkérdezte: „Valóban el akarod pusztítani az ártatlan embereket is Sodomában a gonoszokkal együtt[a]? 24 Ha van ötven igaz a városban, akkor is mindenestül elpusztítod egész Sodomát? Nem kíméled meg a várost az ötven igaz kedvéért? 25 Nem, ezt el sem tudom képzelni! Lehetetlen, hogy ugyanúgy megöld az igazakat, mint a gonoszokat! Bizonyára különbséget teszel az ártatlan és a bűnös között! Az egész föld Bírája nem hozhat igazságtalan ítéletet!"

26 Az Örökkévaló így válaszolt: „Rendben van! Ha találok ötven igaz embert Sodomában, az ő kedvükért megkímélem az egész várost."

27 Ábrahám folytatta: „Kérlek, Uram, hadd szóljak még egyszer, noha csak por és hamu vagyok! 28 Lehet, hogy nincs ötven igaz, csak negyvenöt — képes lennél elpusztítani az egész várost a hiányzó öt miatt?"

Az Örökkévaló válaszolt: „Ha találok ott negyvenöt igazat, megkímélem a várost."

29 „De ha csak negyvenet találsz?" — kérdezte Ábrahám.

„Ha negyvenet találok, akkor is megkímélem" — felelte az Örökkévaló.

30 „Ne haragudj meg rám Uram, ha még ezek után is szólok! Lehet, hogy csak harmincan vannak" — folytatta Ábrahám.

„Nem fogom elpusztítani a várost, ha találok harmincat" — válaszolt az Örökkévaló.

31 Ábrahám így folytatta: „Kérlek, Uram, hadd szóljak még egyszer! Lehet, hogy csak húsz igaz ember van a városban."

„Ha csak húszat találok, akkor is megkímélem" — felelte az Örökkévaló.

32 „Ne haragudj meg rám Uram, hogy még egyszer szólni merészelek! Lehet, hogy csak tíz igazat találsz ott" — mondta Ábrahám.

„Ha legalább tízet találok, akkor sem pusztítom el" — felelte az Örökkévaló.

33 Miután az Örökkévaló befejezte a beszélgetést Ábrahámmal, továbbment, Ábrahám pedig hazatért.

Zsoltárok 1

1 Boldog és áldott,
  aki nem jár az istentelenek útjain,
nem áll rá a bűnösök ösvényeire,
  és nem ül együtt a gúnyolódókkal,
2 hanem abban leli örömét, ha az Örökkévaló tanítja,
  és éjjel-nappal azon gondolkodik.
3 Olyan életerős lesz,
  mint a folyópartra ültetett gyümölcsfa:
idejében hoz gyümölcsöt,
  s levelei örökké zöldellnek.
Bizony, felvirágzik keze alatt minden,
  amibe kezd!
4 Milyen más az istentelenek sorsa:
  olyanok, mint a polyva,
  melyet elsodor a szél:
5 az ítélet napján elítélik őket.
  Bűnösök nem maradhatnak az igazak közösségében.
6 Az igazak lépéseit az Örökkévaló irányítja,
  az istentelenek útja pedig a pusztulásba vezet.

JEGYZETEK

PÉNTEK

OLVASD EL:
1 Mózes 18:16–33; Zsoltárok 1

IMÁK:
Zsoltárok 1:5–6

Igevers

MÁSOLD LE A
NAPI IGEVERSEKET
A BIBLIÁDBÓL.

Megfigyelés

JEGYEZZ FEL
EGY-KÉT MEGFIGYELÉST
AZ IGESZAKASZBÓL.

Átültetés

ÍRJ LE EGY-KÉT GONDOLATOT, AMIT AZ OLVASOTTAKBÓL ÁTÜLTETHETSZ A GYAKORLATBA.

Köszönet / Kérés

KÖSZÖND MEG ISTENNEK, AMIT MA TANULTÁL. / KÉRJ ISTENTŐL A SZÍVED MÉLYÉBŐL.

PÉNTEK

Áhítat: 2. Hét

Zsoltárok 1:5–6

„Bűnösök nem maradhatnak az igazak közösségében. Az igazak lépéseit az Örökkévaló irányítja, az istentelenek útja pedig a pusztulásba vezet."

ELMÉLKEDÉS

Ábrahám tudta, hogy Isten igazságos, és hogy jelleme minden tettében megmutatkozik. Istennek igaza volt, amikor el akarta pusztítani a romlott Sodomát. A város lakóinak romlottsága olyan méreteket öltött, hogy Istennek nem maradt más lehetősége, ki kellett őket irtania a föld színéről (ugyanígy válaszol a gonoszságra az 1 Mózes 6:1–8-ban is). Azonban, ha lett volna igaz ember Sodomában, akkor Isten nem jogosan pusztította volna el az egész várost, az igazakat a romlottakkal együtt.

Ábrahám tudta, hogy Isten nem tenne olyat, ami ellentétes a jellemével, ezért többször is közbenjárt Istennél a Sodomában élő igazakért. Nemcsak az unokaöccse élt ott, de sokakat ismert a városból. Ábrahám korábban megmentette ezeket a férfiakat, nőket és gyerekeket az ellenség kezéből (lásd. 1 Mózes 14), természetes hát, hogy hinni akarta, van legalább néhány igaz ember köztük, aki méltó a megmentésre.

Bár Isten már döntött Sodoma pusztulásáról, meghallgatta Ábrahám kérését. Meggondolta magát, és megígérte, hogy csak akkor pusztítja el a várost, ha nincs benne még tíz igaz ember sem. Isten hajlandó lett volna megkímélni a romlottakat a városban lévő maroknyi igaz kedvéért. Igazságossága mutatkozik meg az igazak megkímélésére irányuló hajlandóságában, még akkor is, ha ezáltal lehetővé tette volna, hogy a gonoszok tovább folytassák elvetemült életmódjukat.

Bár mi sosem érthetjük meg teljesen Isten döntéseit, az, ahogy Ábrahám közbenjárt Sodoma népéért, sokat felfed Isten jelleméből. Nemcsak Ábrahámmal, de a Sodomában élőkkel is türelmes volt. Amikor kétségbe vonjuk, hogy Isten hallja-e, ha igazságért kiáltunk, lehet, hogy az, amit mi tétlenségnek vélünk valójában Isten megmentő kegyelme. Az Ő ítélete sosem helytelen.

IMA

Mennyei Atyám, hiszem, hogy igaz vagy. Bár nem mindig értem meg a tetteidet, elhiszem, hogy azok mindig igazságosak: Te nem tudsz igazságtalanul cselekedni. Segíts meglátnom, hogyan törődsz az igazakkal még akkor is, ha látszólag a gonoszok virulnak. Ámen.

ELMÉLKEDŐ
KÉRDÉSEK

1. Az életed mely területein hajlasz arra, hogy a saját megértésedre és megoldási módszereidre támaszkodj? Elhiszed, hogy Isten képes megadni mindazt, amire szükséged van? Elhiszed, hogy az Úrnak jó terve van az életednek erre a területére is?

2. Mit jelentett Hágár számára a tudat, hogy Isten látja őt? Elhiszed, hogy téged is lát? Miért vagy miért nem?

3. Nehezedre esik elhinni, hogy egyedül hit által menekülhetsz meg? Hogyan próbálod a tetteiddel kiérdemelni a megváltást?

4. Milyen lehetetlennek tűnő dolgot remélsz, hogy Isten megtesz érted? Hogyan bízhatsz benne, annak ellenére is, ha tétlennek tűnik?

5. Nehezedre esik hinni Isten igazságosságában? Isten jellemének mely részleteibe tudsz kapaszkodni, amikor küszködsz azzal, hogy Isten hogyan bánik az igazakkal és a romlottakkal?

JEGYZETEK

JEGYZETEK

3. HÉT

Az Örökkévaló megáldotta Sárát, és beteljesítette, amit neki ígért.

1 MÓZES 21:1

IMA

Heti imatéma:
Imádkozz a barátaidért!

HÉTFŐ

KEDD

SZERDA

CSÜTÖRTÖK

PÉNTEK

KIHÍVÁS

Mit jelent hit által élni? Hittel éled a mindennapjaidat? Ezen a héten kérd Istent, hogy mutasson rá életed azon területeire, amelyeket még nem bíztál rá teljesen! Hogyan tudod átadni ezeket neki?

HÉTFŐ

1 Mózes 19:1–14

19:1 A két angyal aznap estére ért Sodomába. Lót is a város kapujában ült. Amint meglátta őket, eléjük sietett. Földig hajolt előttük, 2 és ezt mondta: „Uraim, kérlek, tiszteljétek meg szolgátok házát! Mossátok meg lábatokat, és legyetek a vendégeim ma éjjel! Holnap kora reggel azután folytathatjátok utatokat." De ők azt válaszolták: „Köszönjük, de inkább itt a téren maradunk éjszakára."

3 Lót azonban addig unszolta őket, amíg beleegyeztek, hogy nála szálljanak meg, és betértek hozzá. Lót megvendégelte a két angyalt, készített nekik kovásztalan lepényeket, és megvacsoráztak.

4 Még mielőtt a vendégek nyugovóra tértek volna, Sodomából a férfiak, kicsinytől nagyig mind odagyűltek Lót háza köré, és 5 bekiabáltak: „Hol vannak azok a férfiak, akik hozzád jöttek vendégségbe? Hozd csak ki őket, hadd szórakozzunk velük!"

6 Lót kiment hozzájuk, bezárta maga mögött a kaput, 7 és kérlelte őket: „Kérlek, testvéreim, ne kövessetek el ilyen gonoszságot! 8 Inkább kihozom nektek a két leányomat, akik még szüzek, velük tehettek, amit akartok! Csak a vendégeimhez ne nyúljatok, mert ők a vendégjog oltalma alatt állnak."

9 De azok rákiáltottak: „Félre az útból! Mit képzel ez a jöttment? Majd ő szabja nekünk a törvényt! A végén te még rosszabbul jársz, mint a vendégeid!" Majd rárohantak Lótra, és be akarták törni az ajtót.

10 Ekkor a két angyal kinyújtotta a kezét, behúzták Lótot a házba, majd bezárták az ajtót. 11 A kinti tömeget — fiatalt és öreget egyaránt — vaksággal verték meg, úgy, hogy azok képtelenek voltak megtalálni az ajtót.

12-13 Lótnak akkor a két angyal ezt mondta: „Lót, sürgősen el kell hagynod a várost! Vidd magaddal családod tagjait: gyerekeidet, vejeidet, rokonaidat is, mert az Örökkévaló azért küldött bennünket, hogy elpusztítsuk az egész várost. Az Örökkévaló meghallotta azoknak a segélykiáltását, akiket e város lakói bántalmaztak, mi pedig hamarosan el fogjuk pusztítani ezt a várost."

14 Lót tehát azonnal fölkereste két vejét, akik a leányait vették feleségül, és sürgette őket, hogy hagyják el a várost, mert azt az Örökkévaló teljesen elpusztítja. De ők azt hitték, hogy Lót csak tréfál.

Bírák 19:11–30

10-11 Ezúttal azonban a lévita már nem engedett neki, és végre elindultak. Vele volt a szolgája és az ágyasa is, meg a két teherhordó szamara. Mire Jebúsz, vagyis Jeruzsálem alá érkeztek, már majdnem este lett. A szolga javasolta, hogy ne menjenek tovább, hanem szálljanak meg a jebúsziak városában.

12-13 De a lévita tovább akart menni. „Ne menjünk be idegenek városába! Itt nem izráeliek laknak. Inkább menjünk el Gibeáig[a] vagy Rámáig, és ott szálljunk meg!"

14 Így hát továbbindultak, és éppen a Benjámin-törzshöz tartozó Gibeáig jutottak, mikor a nap leszállt. 15 Bementek a városba, és leültek a piactéren, de senki sem hívta be őket éjszakára.

16 Végül jött egy öregember, aki napi munkája után éppen a szántóföldjéről tért haza. Ez az öreg szintén Efraim hegyvidékéről származott, és csak ideiglenesen tartózkodott Gibeában, amely Benjámin területéhez tartozott. 17 Meglátta az utasokat a piactéren, és megkérdezte: „Honnan jöttök, és hová igyekeztek?"

18 „Útban vagyunk Efraim hegyvidékének túlsó szélére, ahol lakom. A júdabeli Betlehemből jövünk, és hazafelé[b] igyekszünk, de senki sem akar szállást adni éjszakára. 19 Pedig nem lennénk terhére senkinek, mert hoztunk magunkkal kenyeret és bort eleget, meg a szamarainknak is szalmát és abrakot. Mindenünk megvan, amire csak szükségünk van hármunknak, ugyanis velem van az ágyasom és szolgám is" — felelt a lévita.

20 Az öregember meghívta magához: „Békesség neked! — mondta. — Csak nem fogsz itt az utcán éjszakázni? Szállj meg nálam! Amire csak szükséged lesz, az az én gondom!" 21 Így hát betértek hozzá, az öregember ellátta a szamarakat, és megvendégelte őket. Lemosták lábukról az út porát, ettek-ittak, 22 és jól érezték magukat.

Közben azonban a város férfiai — elvetemült és gonosz emberek — körülvették a házat, és dörömböltek az ajtón. Bekiabáltak az idős házigazdának: „Hozd ki azt a férfit, aki hozzád jött, mert meg akarjuk ismerni őt!"[c]

23 Az öregember kiment hozzájuk, és így kérlelte őket: „Barátaim, ne tegyetek ilyen gyalázatos dolgot! Kérlek, ne kövessetek el ilyen gonoszságot, hiszen ez az ember az én vendégem![d] 24 Nézzétek, itt van a hajadon leányom, meg annak a férfinak az ágyasa, kihozom őket nektek, bánjatok velük, ahogyan jónak látjátok, csak a vendégemmel ne tegyetek ilyen gyalázatos dolgot!"

25 De azok nem hallgattak rá, s tovább követelőztek. Végül a lévita kivitte hozzájuk az ágyasát, azok pedig egész éjjel erőszakoskodtak vele. Csak hajnal felé engedték el az asszonyt, 26 aki az öregember házának küszöbén esett össze, és ott feküdt reggelig.

27 Reggel a lévita fölkelt, hogy továbbinduljanak, és kinyitotta az ajtót. Akkor látta, hogy ágyasa ott fekszik a földön, s keze a küszöbön. 28 „Kelj föl, induljunk el!" — mondta neki, de az nem válaszolt. Akkor a lévita föltette a szamarára, és hazavitte. 29 Otthon az ágyasa holttestét szétvágta 12 részre, s Izráel mindegyik vidékére küldött egy-egy darabot. 30 Aki csak látta, nagyon megdöbbent, és ezt mondta: „Ilyen még sohasem történt közöttünk, mióta Izráel kijött Egyiptomból".

Emlékezzetek erre a szörnyű dologra, gondoljátok meg, és beszéljetek róla!

Róma 1:16–32
16 Mert nem szégyellem senki előtt az örömhírt, hiszen Istennek hatalma az, amellyel üdvösségre juttatja mindazokat, akik hisznek benne, elsőként a

zsidóknak, azután a többi népnek is. 17 Az örömhír mutatja meg, hogyan teszi Isten a maga számára elfogadhatóvá az embert. Ez pedig kezdettől mindvégig az Istenben való hit által történik. Ahogyan az Írás mondja: „Akit a hite alapján Isten elfogad, az örökké élni fog."[a]

18 Megmutatkozik azonban Isten haragja is a Mennyből azok miatt a gonosz és igazságtalan tettek miatt, amelyeket az emberek elkövetnek, amikor gonoszságukkal elnyomják az igazságot. 19 Hiszen mindaz, amit Istenből megismerhetünk, nyilvánvaló előttük, hiszen maga Isten mutatta meg mindenkinek.

20 Isten örök hatalma és isteni természete ugyan emberi szemmel nem látható, de mégis világosan érzékelhető és megérthető, mert a világ teremtése óta mindenki láthatja és tanulmányozhatja Isten teremtményeit. Így tehát nincs mentség azok számára, 21 akik felismerték Istent, de mégsem tisztelték őt Istenként, sem nem adtak hálát neki. Ezért gondolkodásuk értelmetlen lett, és ostoba szívük egyre jobban elsötétült. 22 Bár magukat bölcseknek tartják, bolondok lettek. 23 Az örökké élő Isten dicsőségét elhagyták, és helyette bálványokat imádtak, amelyek halandó emberekre, madarakra, négylábú állatokra és hüllőkre hasonlítottak.

24 Ezért Isten is kiszolgáltatta őket a saját gonosz szívük kívánságainak. Hagyta, hogy szexuális bűnökben éljenek, és egymás testével gyalázatos visszaéléseket kövessenek el. 25 Isten igazságát hazugsággal cserélték fel, és a teremtményeket imádták — ahelyett, hogy Istent, a Teremtőt imádták volna! Pedig az imádat egyedül Istent illeti, aki örökké legyen áldott! Ámen.

26 Mivel ezt tették, Isten is kiszolgáltatta őket a saját szégyenletes kívánságaiknak. Asszonyaik felcserélték a férfiakkal való természetes szexuális kapcsolatot más nőkkel való természetellenes szexuális kapcsolatra. 27 Hasonlóképpen a férfiak is elhagyták az asszonyokkal való természetes szexuális kapcsolatot, és más férfiakat kívántak meg égő vágyakozással. Így azután a homoszexuális férfiak egymással követtek el gyalázatos dolgokat, és a saját testükben kapták meg a büntetést, amelyet tévelygéseikért megérdemeltek.

28 Mivel Istent nem tartották méltónak arra, hogy ismeretét megőrizzék, ezért Isten is magukra hagyta őket. Engedte, hogy megromlott gondolkodásuk szerint olyan dolgokat tegyenek, amelyeket nem lenne szabad. 29 Mindenféle igazságtalanság, gonoszság, kapzsiság és rosszakarat tölti be őket. Tele vannak irigységgel, gyilkos szándékkal, veszekedéssel, alattomossággal, mindig rosszat gondolnak a másikról, 30 pletykálnak és vádaskodnak, Istent gyűlölik, gúnyolódnak, erőszakosak, dicsekvők, gonosz dolgokat találnak ki, szüleik iránt engedetlenek, 31 ostobák, nem tartják meg ígéreteiket, szeretet nélkül és könyörtelenül bánnak az emberekkel. 32 Jól ismerik Isten igazságos törvényét, és tudják, hogy akik ilyen dolgokat tesznek, méltók a halálra. Mégis folytatják ezeket a gonosz dolgokat, sőt helyeslésükkel bátorítják azokat, akik hasonlóan élnek.

HÉTFŐ

OLVASD EL:
1 Mózes 19:1–14; Bírák 19:11–30; Róma 1:16–32

IMÁK:
Róma 1:16–17

Igevers

MÁSOLD LE A
NAPI IGEVERSEKET
A BIBLIÁDBÓL.

Megfigyelés

JEGYEZZ FEL
EGY-KÉT MEGFIGYELÉST
AZ IGESZAKASZBÓL.

Átültetés

ÍRJ LE EGY-KÉT
GONDOLATOT, AMIT
AZ OLVASOTTAKBÓL
ÁTÜLTETHETSZ A
GYAKORLATBA.

Köszönet / Kérés

KÖSZÖND MEG
ISTENNEK, AMIT MA
TANULTÁL. / KÉRJ
ISTENTŐL A SZÍVED
MÉLYÉBŐL.

HÉTFŐ

Áhítat: 3. Hét

IMÁK

Róma 1:16–17

„Mert nem szégyellem senki előtt az örömhírt, hiszen Istennek hatalma az, amellyel üdvösségre juttatja mindazokat, akik hisznek benne, elsőként a zsidóknak, azután a többi népnek is. Az örömhír mutatja meg, hogyan teszi Isten a maga számára elfogadhatóvá az embert. Ez pedig kezdettől mindvégig az Istenben való hit által történik. Ahogyan az Írás mondja: 'Akit a hite alapján Isten elfogad, az örökké élni fog.'"

ELMÉLKEDÉS

Sodoma eseményeinek elbeszélése gyakran felkavaró és kijózanító. A két angyal azért látogatta meg a várost, hogy lássa, vajon az emberek gonoszsága valóban olyan súlyos-e, ahogyan hallották. A vendégszeretet hiánya és a sodomaiak durva bánásmódja az idegenekkel szemben erkölcsi állapotukat jelezte. Lót látogatóival szembeni megbecstelenítési vágyuk és kísérleteik romlottságuk mértékét mutatják.

Míg Sodoma gonoszságának el kellene rettentenie minket, olvasókat, Benjámin népének gonoszsága a Bírák 19-ben még ennél is szörnyűbb. Gibea, Benjámin városának, Izrael törzsének népe ugyanolyan erkölcsileg romlott állapotba került, mint Sodoma lakói. A kánaániták gonoszságát még azzal is felülmúlták, hogy a gibeai férfiak brutálisan bántalmaztak egy fiatal nőt, és hagyták meghalni.

Sodoma történetének célja az, hogy megmutassa Isten népének, hogy a romlottság és a bűn soha nincsenek túl messze tőlük. Mózes 1. könyvét az izraeliták azon nemzedékének írták, akik elsőként léptek az Ígéret földjére. Ez a történet azért maradt fent, hogy emlékeztesse őket arra, mit ne tegyenek, és figyelmeztesse őket, hogy ne viselkedjenek úgy, mint a körülöttük élő kánaániták. És mégis, csupán néhány generációval később Isten népe megismételte ugyanazt a gonoszságot.

Ezek a történetek ma figyelmeztetésként tárulnak elénk. Amikor Isten parancsai szerint járunk, nemcsak azok szerint, amelyeket kényelmesnek vagy előnyösnek tartunk, akkor közösségben vagyunk vele. Amikor a körülöttünk lévő világ befolyásol minket és elkezdjük azoknak az útját járni, akik nem ismerik Istent, ugyanazokat a gonoszságokat ismételjük meg.

Jézus Krisztus evangéliuma megbocsátást és irgalmat kínál bűneinkért. Jézus vállalta büntetésünket, felajánlotta magát, hogy megismerhessük Istent. De az evangélium nem teljes Krisztus feltámadása nélkül, az élet nélkül, melyet gyermekeiként Benne kapunk. Az Ő útjain kell járnunk, engedelmeskednünk kell parancsainak. Úgy élni, hogy nem szégyelljük az evangéliumot azt is jelenti, hogy olyan életet élünk, mely nem szégyelli követni Krisztus parancsait bármi áron.

IMA

Úr Jézus, Te vagy az egyetlen út Istenhez. Hiszem, hogy meghaltál a bűneimért, és szabadságot adtál. Az áldozatod elég. Olyan életet akarok élni, amely nem szégyelli az evangéliumot. Segíts meglátnom, hogyan ragaszkodom a világ dolgaihoz, és segíts abban, hogy Általad megtaláljam a szabadulást ezektől. Ámen.

KEDD

1 Mózes 19:15–38

15 Már hajnalodott, és az angyalok egyre sürgették Lótot: „Induljatok már
el! Fogd a feleségedet, meg a jelen lévő két leányodat, és menjetek már, hogy
el ne vesszetek a várost sújtó csapás miatt!" 16 Lót még ekkor is tétovázott.
Az Örökkévaló azonban irgalmas volt hozzá, ezért az angyalok kézen fogták
Lótot, a feleségét, meg két leányát, és kivezették őket a városból. 17 Akkor
az egyik angyal ezt mondta: „Sietve meneküljetek tovább, hogy életben
maradjatok! Meg ne álljatok sehol a völgyben, és vissza se nézzetek! Fussatok a
hegyek közé, hogy meg ne haljatok!"

18 De Lót ezt kérte: „Jaj, Uram, ne kelljen olyan messzire mennünk! 19 Ha
már olyan irgalmas voltál hozzánk, és jóindulattal megkímélted az életünket,
akkor ne kelljen a hegyek közé mennünk, mert útközben esetleg utolér a
veszedelem, és meghalunk! 20 Látod, itt van a közelben ez a kicsiny város,
hadd fussunk oda! Ott biztonságban leszünk, és életben maradunk."

21-22 Az angyal így válaszolt: „Rendben van, kérésed szerint lesz: nem
pusztítom el azt a kicsiny várost — menekülj oda! De siess, mert amíg oda
nem érsz, semmit sem tehetek!"

Ezért hívják azt a várost Cóárnak.[a]

23 Éppen akkor kelt föl a nap, amikor Lót Cóárba érkezett. 24 Ekkor az
Örökkévaló tüzes kénesőt zúdított Sodomára és Gomorára — úgy zuhogott
rájuk az égből, az Örökkévalótól, mint a záporeső. 25 Elpusztította és
fölégette azokat a városokat és az egész völgyet, minden lakosukkal, és a
környék növényzetével együtt.

26 Cóár felé menet azonban Lót felesége visszanézett Sodomára, és sóoszloppá
változott.

27 Akkor reggel Ábrahám is korán kelt. Oda ment, ahol az Örökkévaló előtt
állt. 28 Onnan Sodoma, Gomora és a völgy felé nézett. A távolból látta, hogy
az egész vidék elpusztult, s már csak a füst száll fel onnan, mint a kemencéből.
29 De mikor az Örökkévaló elpusztította a völgyben lévő városokat, ahol Lót
lakott, nem feledkezett meg Ábrahámról, Lótot kivezette a pusztulás elől.

30 Később Lót otthagyta Cóárt, mert félt ott maradni. Fölment a hegyekbe,
keresett egy barlangot, és ott lakott a leányaival együtt. 31 Egyszer az
elsőszülött leány azt mondta a húgának: „Nézd, apánk kezd megöregedni, és
ezen a vidéken nincs senki, aki feleségül vehetne minket, ahogy az mindenütt
szokás. 32 Gyere, itassuk le apánkat borral, és háljunk vele, hogy ne haljon ki
a családunk!"

33 Úgy is lett: aznap este a két leány addig kínálta Lótot borral, amíg egészen
megrészegedett. Akkor az idősebb leány az apjával hált. Lót azonban annyira
nem volt magánál, hogy később semmire sem emlékezett. 34 Másnap reggel az
idősebb ezt mondta a húgának: „Látod, tegnap én háltam apánkkal! Adjunk
neki ma este is bort, és most hálj vele te. Így biztosan lesznek utódaink, és
nem hal ki a családunk." 35 Tehát aznap este a leányok ismét leitatták apjukat,
majd a kisebbik leánya hált Lóttal, aki az egészből semmit sem fogott föl. 36

Így történt, hogy Lót mindkét leánya a saját apjától fogant gyermeket. 37 Az idősebb fiút szült, akit Moábnak[b] nevezett el. Tőle származott a moábi nép. 38 A fiatalabbnak is fia született, akit anyja Ben-Amminak nevezett. Ettől a fiútól származnak az ammoniak.

Lukács 17:22–35

22 A tanítványainak pedig ezt mondta: „Eljön majd az idő, amikor szeretnétek látni legalább egyetlen egyet az Emberfiának napjai közül, de nem fogtok látni. 23 Amikor ezt mondják nektek: »Nézd, itt van!«, vagy: »Ott van!«, ne menjetek oda, és ne kövessétek őket!" 24 „Ahogy a villám megvilágítja egyik végétől a másikig az egész égboltot, olyan nyilvánvaló módon jön vissza az Emberfia is azon a napon. 25 De előbb még sokat kell szenvednie. Ez a nemzedék pedig elutasítja őt.

26 Ahogyan Nóé napjaiban volt, úgy lesz az Emberfia eljövetelének idejében is. 27 Akkor az emberek ettek, ittak, megházasodtak és férjhez mentek egészen addig, amíg Nóé be nem ment a bárkába. Azután jött az Özönvíz, és mindenkit elpusztított.

28 Ugyanaz történik majd, mint ami Lót idején történt. Az emberek akkor is ettek, ittak, vásároltak és eladtak, ültettek és építettek, 29 de mikor Lót kiment Sodomából, tűz és kéneső hullott az égből, és mindenkit elpusztított a városban. 30 Ugyanígy lesz abban az időben is, amikor az Emberfia megjelenik.

31 Azon a napon, ha valaki éppen felment a háza lapos tetejére, vissza se menjen a házba, hogy onnan elvigyen valamit, hanem azonnal meneküljön! Ha a mezőn lesz, azonnal meneküljön, ne forduljon vissza és ne törődjön azzal, amit hátrahagy! 32 Emlékezzetek Lót feleségére![a]

33 Aki meg akarja őrizni a lelkét, vagyis az életét, az el fogja veszteni, de aki feladja az életét, az örökre megmenti.

34 Mondom nektek: azon az éjszakán, ha ketten lesznek egy ágyban, az egyiket felviszik, a másikat otthagyják. 35 Ha két asszony őröl majd együtt a kézimalommal, az egyiket felviszik, a másikat otthagyják."

JEGYZETEK

KEDD

OLVASD EL:
1 Mózes 19:15–38; Lukács 17:22–35

IMÁK:
Lukács 17:32–33

Igevers

MÁSOLD LE A
NAPI IGEVERSEKET
A BIBLIÁDBÓL.

Megfigyelés

JEGYEZZ FEL
EGY-KÉT MEGFIGYELÉST
AZ IGESZAKASZBÓL.

Átültetés

ÍRJ LE EGY-KÉT GONDOLATOT, AMIT AZ OLVASOTTAKBÓL ÁTÜLTETHETSZ A GYAKORLATBA.

Köszönet / Kérés

KÖSZÖND MEG ISTENNEK, AMIT MA TANULTÁL. / KÉRJ ISTENTŐL A SZÍVED MÉLYÉBŐL.

KEDD

Áhítat: 3. Hét

IMÁK

Lukács 17:32–33

„Emlékezzetek Lót feleségére! Aki meg akarja őrizni a lelkét, vagyis az életét, az el fogja veszteni, de aki feladja az életét, az örökre megmenti."

ELMÉLKEDÉS

Lót és családja megmenekült Sodoma gonoszságától. Bár Lót úgy döntött, hogy Sodomában él, mert úgy gondolta, hogy a föld termékeny lesz, ez további veszteségekhez vezetett: végül Sodoma gonoszsága Lóttal és családjával maradt, Sodoma mentalitása még a pusztulás után is kísért.

Amikor Lót, a felesége és a lányai elmenekültek a városból, Lót egy másik városért esedezett az Úrnál, ahol letelepedhetnek. Lót azt akarta, hogy Isten kárpótolja az őt ért veszteségek miatt, hogy ajándékozza meg azért cserébe, hogy oly hirtelen elhagyta otthonát és életét. Annak ellenére, hogy Lót könyörgött az Úrnak Cóár megmentéséért, túlságosan félt ott élni, miután megtapasztalta Sodoma gonoszságát. Sodoma gonoszsága azonban még akkor is kísértett, amikor Lót egyedül élt a lányaival egy barlangban.

Lót felesége visszafordult, hogy megnézze, hogyan pusztulnak el a völgy városai. Ez nem múló pillantás vagy kíváncsi tekintet volt: Lót felesége sóvárogva nézett vissza Sodomára. Vágyott arra az életre, amelyből megmentették. Megmenekült, de sóvárgott az életre, amely a pusztulásához vezetett volna. Tettei tiszteletlenséget és elégedetlenséget fejeztek ki Isten csodálatos mentőakciójával szemben.

Jézus emlékeztette híveit Lót feleségének történetére, amikor az idők végéről beszélt. Nem szabad azután vágyakoznunk, amiből már egyszer megmenekültünk. Ha hajlandóak vagyunk elveszíteni kényelmünket, barátainkat, családtagjainkat, státuszunkat és vagyonunkat Krisztusért, akkor jobb életre lelhetünk, mint azt valaha el tudnánk képzelni.

Még ez a történet is Isten jóságára emlékeztet. Miközben Ábrahám a pusztulást figyelte, meglátta Isten jóságát az ítélet közepette. Isten megígérte, hogy nem pusztítja el az igazakat a gonoszokkal együtt, és Ábrahám kedvéért mentette meg Lótot. Bár pusztítása hatalmas és teljes volt, Isten irgalma még mindig túláradt. Ha követjük Krisztust, hajlandónak kell lennünk arra, hogy hátrahagyjuk a világ örömeit, hogy teljes, bővölkedő életre leljünk Benne.

IMA

Istenem, Te jó vagy és igaz. Köszönöm, hogy megmutattad, hogyan fér meg ez a két tulajdonság egymással. Segíts, hogy akkor is bízzak Benned, amikor nem értem, mit miért teszel. Adj bátorságot ahhoz, hogy kényelmes élet helyett Téged dicsőítő életet éljek. Segíts, hogy ne forduljak vissza, és ne sóvárogjak más után, csak Utánad. Ámen.

SZERDA

1 Mózes 20

20:1 Ezután Ábrahám dél felé vándorolt, és egy ideig Súr és Kádés között táborozott. Majd Gerár területén lakott, mint jövevény, 2 és mindenkinek azt mondta Sáráról, hogy a testvére. Abímelek, Gerár királya elküldte embereit, és Sárát a háremébe vitette. 3 Azonban Isten megjelent Abímeleknek álmában, és azt mondta a királynak: „Abímelek, meg kell halnod, mert elvetted a férjétől azt az asszonyt!"

4 Azonban Abímelek még egy ujjal sem nyúlt Sárához, és így válaszolt: „Uram, vajon megölsz-e valakit, ha ártatlan? 5 Mind Ábrahám, mind Sára azt mondta, hogy ők testvérek! Az én lelkiismeretem tiszta, és tenni sem tettem semmi rosszat!" 6 Isten így felelt: „Tudom, hogy tiszta a lelkiismereted. Éppen ezért óvtalak meg attól, hogy vétkezz ellenem, és nem engedtem, hogy hozzá nyúlj. 7 Most hát add vissza őt a férjének! Mivel Ábrahám próféta, ezért ha ő imádkozik érted, akkor életben hagylak. De tudd meg, ha nem adod vissza az asszonyt a férjének, biztosan meghalsz a családoddal és szolgáiddal együtt!"

8 Reggelre kelve Abímelek azonnal összehívta a szolgáit, és mindent elmondott nekik, azok pedig nagyon megrémültek. 9-10 Majd hívatta Ábrahámot is, és szemére vetette: „Ábrahám, hogy tehettél ilyet velünk?! Mit vétettem én neked, hogy ilyen nagy veszedelembe sodortál országommal együtt? Nem lett volna szabad ilyet tenned! De miért is mondtad a feleségedről, hogy a testvéred?"

11 Ábrahám ezt felelte: „Azért, mert azt gondoltam, hogy nincs itt istenfélelem az emberekben, s meg is ölhetnek azért, hogy a feleségemet elrabolják tőlem. 12 Amellett Sára valóban a féltestvérem, mert egy apától származunk, csakhogy nem egy anyától. Így lett a feleségem. 13 Amikor Isten vándorútra indított bennünket az atyai házból, megkértem a feleségemet, hogy bárhová vetődünk is, irántam való szeretetből mindenhol mondja azt, hogy csak testvérek vagyunk."

14 Akkor Abímelek elhalmozta Ábrahámot ajándékokkal: juhokat, marhákat, szolgákat és szolgálókat adott neki, és visszaadta neki a feleségét, Sárát is. 15 Majd ezt mondta: „Nézd, Ábrahám, előtted van az egész országom, ahol akarsz, ott lakhatsz."

16 Ezután Abímelek Sárához fordult: „Lásd, ezer ezüstpénzt adtam a bátyádnak, hogy mindenki láthassa, mennyire ártatlan vagy ebben a dologban. Ezzel mindenki előtt igazolom ártatlanságodat, és helyreállítottam becsületedet."

17-18 Majd Ábrahám imádkozott Istenhez Abímelekért és a családjáért. Ugyanis Isten — Sára miatti büntetésül — meddőséggel sújtotta Abímelek családjának nőtagjait. Isten meghallgatta Ábrahám kérését, és meggyógyította őket. Ezután ismét születtek gyermekek Abímelek családjában.

Példabeszédek 14:1

1 A bölcs asszony építi a családját, az ostoba pedig saját kezével rombolja le.

SZERDA

OLVASD EL:
1 Mózes 20; Példabeszédek 14:1

IMÁK:
Példabeszédek 14:1

Igevers

MÁSOLD LE A
NAPI IGEVERSEKET
A BIBLIÁDBÓL.

Megfigyelés

JEGYEZZ FEL
EGY-KÉT MEGFIGYELÉST
AZ IGESZAKASZBÓL.

Átültetés

ÍRJ LE EGY-KÉT
GONDOLATOT, AMIT
AZ OLVASOTTAKBÓL
ÁTÜLTETHETSZ A
GYAKORLATBA.

Köszönet / Kérés

KÖSZÖND MEG
ISTENNEK, AMIT MA
TANULTÁL. / KÉRJ
ISTENTŐL A SZÍVED
MÉLYÉBŐL.

SZERDA

Áhítat: 3. Hét

Példabeszédek 14:1

„A bölcs asszony építi a családját, az ostoba pedig saját kezével rombolja le."

ELMÉLKEDÉS

Amint a szöveg visszatér Ábrahámra, ismerős helyzetben találjuk. Ábrahám ismét félrevezetett és megtévesztett egy királyt Sárához fűződő viszonyáról, hogy mentse a saját életét, Isten pedig ismét közbelépett, mint a történet hőse, megtartva Ábrahámnak tett ígéretét.

Bár frusztráló nézni, ahogy Ábrahám másodszor követi el ugyanazt a hibát, ismét veszélyeztetve Sára életét, házasságukat és az ígéret beteljesülését, gyakran mi is ugyanazokat a hibákat követjük el újra és újra. Annak ellenére, hogy látta, Isten milyen csodálatos módon mentette meg Sárát, óvta meg az ő életét, és milyen bőséges forrásokat biztosított számukra, Ábrahám félelemből cselekedett. Félelme ostoba magatartáshoz vezetett, olyan viselkedéshez, amely az Istenbe vetett hit hiányát mutatta. Ábrahám ismét kételkedett abban, hogy az Úr megvédi őt, és kockáztatta az ígéret beteljesülését.

De nem Ábrahám a történet hőse: Isten az. Isten ismét közbelépett: megmentette Sárát, figyelmeztette Abímeleket, és helyreállította Ábrahámot. Megmutatta, hogy egyedül Neki van hatalma élet és halál felett. Meddőséget okozott az Abímelek házában élő összes nőnek, majd meggyógyította őket (Eszerint Sára valószínűleg több hónapon keresztül Abímelek udvarában élt, elegendő ideig ahhoz, hogy felismerje, érkezése óta senki sem tudott teherbe esni).

Isten megmutatta hatalmát és irányítását az élet teremtése felett egy olyan házaspárnak, akik ígéretet kaptak, hogy fiuk születik majd. Ha Isten megakadályozhatja mások teherbe esését, talán valóban meg tudja tenni, amit megígért, és lehetővé teszi, hogy Sára megfoganjon. Habár Ábrahámot nem feddte meg Isten a tetteiért ebben a történetben, láthatjuk, hogy a hit hiánya hogyan veszélyeztette az ígéret beteljesülését. Amikor hitünket egyedül Istenbe vetjük, nem a saját képességünkbe, hogy megmentsük és megvédjük magunkat, életet és szabadságot nyerünk. Isten továbbra is közbelépett Ábrahám életében, és továbbra is közbelép a mi életünkben, még akkor is, amikor a hitünk meginog.

IMA

Istenem, adj nagy hitet! Segíts, hogy bölcsességben járjak és Hozzád forduljak azért, amire szükségem van. Szeretném felépíteni az életemet és a hitemet, nem pedig a saját cselekedeteim által elpusztítani azokat. Dicsérlek, amiért újra és újra megmentesz még akkor is, ha kudarcot vallok. Ámen.

CSÜTÖRTÖK

3. Hét Igerészek

1 Mózes 21:1-7

21 Az Örökkévaló megáldotta Sárát, és beteljesítette, amit neki ígért. 2 Sára tehát áldott állapotba került, és fiút szült Ábrahámnak — annak ellenére, hogy Ábrahám már idős volt — éppen abban az időben, amelyet az Örökkévaló előre megmondott. 3 Ábrahám Izsáknak[a] nevezte a fiát, akit Sára szült neki. 4 Amikor Izsák nyolc napos lett, Ábrahám körülmetélte a fiát, ahogy azt Isten korábban megparancsolta. 5 Amikor Izsák született, Ábrahám száz éves volt.

6 Sára ezt mondta: „Nézzétek, milyen nagy örömöt szerzett nekem Isten! Aki csak hallja, velem együtt nevet! 7 Ugyan ki mondta volna Ábrahámnak, hogy Sára még csecsemőt fog szoptatni? S nézzétek! Fiút szültem neki vénségére!"

Jób 8:20-21

20 Bizony, Isten soha nem emeli fel a gonoszt,
   és soha nem veti el az igazat!
21 Jób! Megtölti szád még Isten nevetéssel,
   ajkadat örömkiáltással!

CSÜTÖRTÖK

OLVASD EL:
1 Mózes 21:1–7; Jób 8:20–21

IMÁK:
1 Mózes 21:1

Igevers

MÁSOLD LE A
NAPI IGEVERSEKET
A BIBLIÁDBÓL.

Megfigyelés

JEGYEZZ FEL
EGY-KÉT MEGFIGYELÉST
AZ IGESZAKASZBÓL.

Átültetés

ÍRJ LE EGY-KÉT
GONDOLATOT, AMIT
AZ OLVASOTTAKBÓL
ÁTÜLTETHETSZ A
GYAKORLATBA.

Köszönet / Kérés

KÖSZÖND MEG
ISTENNEK, AMIT MA
TANULTÁL. / KÉRJ
ISTENTŐL A SZÍVED
MÉLYÉBŐL.

CSÜTÖRTÖK

Áhítat: 3. Hét

IMÁK

1 Mózes 21:1

„Az Örökkévaló megáldotta Sárát, és beteljesítette, amit neki ígért."

ELMÉLKEDÉS

Milyen örömet érezhetett Sára, amikor felismerte, mi történik! Sokáig csak várt és várt. Megpróbált családot alapítani a szolgáján keresztül. Fiúra kapott ígéretet, és nevetett az ötlet abszurditásán. Most mégis itt áll, és figyeli, amint Isten beteljesíti az ígéretét.

Bár a történet kezdetétől fogva úgy tűnt, az utódok és a föld ígérete kifejezetten Ábrahámnak szól, ez a vers emlékeztet bennünket arra, hogy Sára Ábrahám feleségeként egyenrangú félként részesült az ígéretből. Isten neki is ígéretet tett. Megígérte, hogy idős kora ellenére gyermekkel ajándékozza meg. Isten még Sára hitetlensége és Hágár útján történő családalapítási kísérletei ellenére is megtartotta ígéretét, mégpedig a tökéletes időben.

Ennek az ígéretnek a beteljesülése nagy örömet okozott, Izsák neve pedig egy szójáték a héber „nevetés" szóval. Sára hitetlenkedve nevetett, amikor Isten azt mondta neki, hogy fia lesz, most pedig örömében nevetett az ígéret beteljesülésekor.

Ábrahám és Sára egyaránt örömmel és dicsérettel reagált Izsák születésére, az ígéret beteljesedésére. Ábrahám továbbá engedelmességgel felelt, eleget téve a szövetség iránti felelősségének. Isten megígérte, hogy Sára révén fiút ad Ábrahámnak, és Ábrahám Izsák körülmetélésével pecsételte meg a szövetséget. Noha még kihívások várnak rájuk, Izsák születése visszaadta Ábrahám és Sára hitét, emlékeztetve őket Isten erejére és jóságára. Isten olyan Isten, aki állja a szavát.

IMA

Uram, Te állod a szavad. Dicsérlek Téged azért, ahogyan betartottad Sárának tett ígéretedet, és ahogyan betartod a nekem tett ígéreteidet is. Tudom, hogy ígéreteid közül egy sem hiúsult meg. Bízom benned, hogy továbbra is munkálkodsz az életemben. Te vagy az Ígéretek Megtartója Ámen.

PÉNTEK

1 Mózes 21:8–21

8 A kisgyermek pedig növekedett, s amikor eljött az ideje, az anyja már nem szoptatta tovább. Ekkor Ábrahám nagy vendégséget szerzett, és megünnepelték, hogy Sára elválasztotta Izsákot.

9 Sára látta, amint Ábrahám másik fia — akit az egyiptomi Hágár szült — játszik Izsákkal.[a] 10 Akkor Sára Ábrahámhoz ment, és ezt kérte: „Kérlek, küldd el innen ezt a szolgálót és a fiát! Ne örököljön az ő fia az én fiammal együtt!"

11 Ez azonban nagyon nehezére esett Ábrahámnak, a fia, Izmáel miatt. 12 Akkor Isten megszólította: „Ábrahám, ne gondold, hogy ez valami rosszat jelent, és ne aggódj a fiad és a szolgáló miatt! Tedd meg mindazt, amit Sára kért tőled, mert az utódaidra vonatkozó ígéreteim Izsák által fognak beteljesedni! 13 Azonban a szolgáló fiának utódait is nemzetté szaporítom. Hiszen ő is a te fiad!"

14 Másnap reggel Ábrahám korán fölkelt, készített útra való ételt és víztömlőt. A csomagot fölsegítette Hágár vállára. Azután végleg elküldte a fiával, Izmáellel együtt.

Hágár útnak indult, és Beérseba pusztájában bolyongott. 15 Amikor kifogyott a víz a tömlőből, lefektette Izmáelt egy bokor árnyékába, 16 maga pedig egy nyíllövésnyi távolságra odébb ment. Azt gondolta: „Nem bírom végignézni, hogy hal szomjan a fiam!" — és keserves sírásra fakadt.

17 De Isten meghallotta a gyermek sírását, és Isten angyala kiáltott az égből Hágárnak: „Miért sírsz, Hágár? Ne félj, mert Isten meghallotta a gyermek sírását! 18 Kelj csak föl, fogd kézen a gyermeket, és viseld gondját, mert nagy nemzetté teszem őt!" 19 Ekkor Isten megnyitotta Hágár szemét, aki észrevett egy forrást a közelben, odament, megtöltötte a tömlőt vízzel, és megitatta a fiát.

20 Isten továbbra is gondot viselt Izmáelre, aki felnőtt a pusztában, megtanult az íjjal bánni, és vadász lett. 21 Párán vidékén tanyázott a pusztaságban, és amikor eljött az ideje, anyja Egyiptomból hozott neki feleséget.

Galata 3:23–29

23 Mielőtt azonban elérkezett ez a hit, a Törvény őrzött bennünket, és egészen addig raboskodtunk, amíg Isten meg nem ismertette velünk az eljövendő hitet. 24 Így tehát Krisztus megérkezése előtt a Törvény volt a Krisztushoz vezető nevelőnk. Azóta viszont már hit által válhatunk Isten számára elfogadhatóvá. 25 Miután ez a hit megérkezett, többé nincs szükség arra, hogy a nevelőnk felügyeljen ránk.

26 Ti mindnyájan Isten gyermekei vagytok Krisztus Jézusban, és ez a hitetek által valósult meg, 27 mivel, aki Krisztusba merítkezett be, az Krisztust öltötte magára. 28 Ebben a tekintetben tehát nincs többé különbség zsidó és görög, rabszolga és szabad, vagy férfi és nő között, mert Krisztus Jézusban mindannyian egyek vagytok. 29 Ha pedig Krisztushoz tartoztok, akkor

Ábrahám leszármazottjai vagytok, és egyúttal örökösei mindannak, amit Isten Ábrahámnak és a leszármazottjainak ígért.

Galata 4:21–31

21 Ti, akik még mindig a Törvény uralma alatt kívántok élni, mondjátok csak, nem halljátok a Törvény szavát? 22 Az Írásban ugyanis azt olvassuk, hogy Ábrahámnak két fia volt: az egyiket Hágár, a rabszolganő szülte, a másikat pedig Sára, aki szabad volt. 23 A rabszolganő fia úgy született, mint mindenki más. A szabad asszony fia azonban Isten ígérete alapján született.

24 Ennek az igaz történetnek szellemi jelentése is van. A két asszony ugyanis a két szövetséget jelképezi. Az egyiket Isten a Sínai-hegyen kötötte a népével, amikor a Törvényt adta nekik. Akikre ez érvényes, azok szolgák. Hágár, aki maga is szolga volt, 25 az Arábiában levő Sínai-hegyet jelképezi, és ugyanakkor a mostani Jeruzsálemet is, hiszen ez a város a népével együtt a Törvény rabszolgája.

26 Sára azonban szabad asszony volt, aki a Mennyei Jeruzsálemet jelképezi. A Mennyei Jeruzsálem pedig szabad — ő a mi anyánk. 27 Mert az Írás így beszél róla:

„Örülj, te meddő asszony,
    aki még sohasem szültél!
Örvendj, és ujjongva kiálts,
    te, akinek nem lehetnek szülési fájdalmai,
mert több gyermeke lesz az elhagyott asszonynak[a],
    mint annak, aki férjnél van."[b]

28 Testvéreim, ti Isten gyermekei vagytok, akik szellemi értelemben Isten ígérete alapján születtetek — akárcsak Izsák. 29 De ahogyan annak idején a természetes módon született gyermek üldözte azt, aki a Szent Szellem ereje által született, ma is ugyanez történik. 30 Mit mond erről az Írás? „Kergesd el a rabszolganőt a fiával együtt, mert az a fiú nem fog együtt örökölni a szabad asszony fiával!"[c] 31 Tehát, testvéreim, szellemi értelemben mi nem a rabszolganő, hanem a szabad asszony leszármazottjai vagyunk.

JEGYZETEK

PÉNTEK

OLVASD EL:
1 Mózes 21:8–21; Galata 3:23–29, 4:21–31

IMÁK:
Galata 3:23–24

Igevers

MÁSOLD LE A
NAPI IGEVERSEKET
A BIBLIÁDBÓL.

Megfigyelés

JEGYEZZ FEL
EGY-KÉT MEGFIGYELÉST
AZ IGESZAKASZBÓL.

Átültetés

ÍRJ LE EGY-KÉT GONDOLATOT, AMIT AZ OLVASOTTAKBÓL ÁTÜLTETHETSZ A GYAKORLATBA.

Köszönet / Kérés

KÖSZÖND MEG ISTENNEK, AMIT MA TANULTÁL. / KÉRJ ISTENTŐL A SZÍVED MÉLYÉBŐL.

PÉNTEK

Áhítat: 3. Hét

IMÁK

Galata 3:23–24

„Mielőtt azonban elérkezett ez a hit, a Törvény őrzött bennünket, és egészen addig raboskodtunk, amíg Isten meg nem ismertette velünk az eljövendő hitet. Így tehát Krisztus megérkezése előtt a Törvény volt a Krisztushoz vezető nevelőnk. Azóta viszont már hit által válhatunk Isten számára elfogadhatóvá."

ELMÉLKEDÉS

Sára félt, hogy Izmáel valamilyen módon elveszi a megígért áldást a fiától. Hitetlensége Hágár és Izmáel ellen fordította, arra kényszerítve Ábrahámot, hogy küldje el őket. Bár Ábrahám elszomorodott, cselekedetei azt mutatják, hogy továbbra is hitt Isten ígéretében. Isten megígérte Ábrahámnak, hogy nagy nemzetté teszi Izmáelt. Bár Izsák a szövetség igazi örököse, Isten mégis ígéretet tett Izmáel megáldására. Abban, hogy Izmáelt és Hágárt csak étellel és vízzel küldte el, Ábrahám hite mutatkozik meg. Ábrahám elküldhette volna Izmáelt csordáinak, nyájainak és szolgáinak a felével, ehelyett azonban bízott abban, hogy Isten gondoskodni fog róluk. Ahelyett, hogy a saját lehetőségeire támaszkodott volna, Istenben bízott.

Isten teljesítette Hágárnak tett ígéretét is. Ismét találkozott vele a sivatagban, megmentve őt és a fiát. Isten nagy együttérzést mutatott Hágár és vele együtt mindazok iránt, akiket elűztek, elhagytak és bántalmaztak. Ő az az Isten, aki lát.

Izsák születése után Hágár és Izmáel jelenléte a táborban továbbra is veszélyeztette az ígéret beteljesülését. Bár soha nem volt veszélyben, mert Isten ellenőrzése alatt állt, Izsák születése után az ígéret teljes mértékben általa teljesedett be, Isten pedig eltávolított mindent, ami fenyegette azt, hogy ez megtörténjen.

Jézus Krisztus az ígért áldás, hasonlóan ahhoz, ahogy Ábrahám révén áldást nyert a világ összes nemzete. Krisztus előtt Isten népe a törvény fennhatósága alatt állt, és feddhetetlenül kellett járnia. Krisztusnak köszönhetően a régi rend megszűnt. Már nem tartozunk a törvény hatálya alá. Az ígéret Krisztus által teljesedett be, nem a törvény által. Az ígéret közös örökösei vagyunk Krisztusban. Ahogy eltávolítunk bármit az életünkből, ami megakadályozhatja az ígéret beteljesedését (bűn, törvényeskedés stb.), növekedünk a Krisztussal való kapcsolatunkban. Pál arra emlékeztet bennünket a Galatákhoz írt levélben, hogy amikor a törvényhez kötjük magunkat, megtagadjuk az ígéret Krisztus általi teljesítését. Egyedül Ő az örökös, és csak Benne nyerünk szabadságot. Krisztusban a hit által vagyunk igazak, nem pedig a törvény által.

IMA

Úr Jézus, egyedül Te mentesz meg. Elismerem, hogy gyakran tetteimmel próbálom kiérdemelni az üdvösségemet, de hiszem, hogy azt egyedül hit által nyerhetem el. Segíts elhagyni mindent, ami akadályoz abban, hogy hitben járjak és higgyek a Veled való örök élet ígéretében. Ámen.

ELMÉLKEDŐ KÉRDÉSEK

1. Hogyan élheted meg szégyen nélkül az evangéliumot? Ez az életmód hogyan bátorít másokat?

2. Van olyan bűn az életedben, ami újra és újra visszatér? Hogyan találhatsz ma szabadságra Krisztusban, hogy elfordulj attól, ami pusztulást hoz?

3. Van, amikor úgy viselkedsz, mint a bölcs asszony és épített a házadat? Van olyan, hogy bolond módon cselekszel, jobban bízol magadban, mint Istenben és ezáltal rombolást vagy fájdalmat hozol magadra? Hogyan tudnál ma hittel előrelépni?

4. Ezen a héten milyen módjait tapasztaltad annak, ahogy Isten valóra váltja az ígéreteit? Milyen ígéretek várnak még válaszra?

5. Hogyan járhatunk Istennel engedelmesen, és lehetünk közben szabadok a törvény alól? Lehetséges ez egyáltalán?

JEGYZETEK

JEGYZETEK

4. HÉT

Ezért Ábrahám így nevezte azt a helyet: „Az Örökkévaló gondoskodik." Azóta mondják ezt az emberek: „Az Örökkévaló gondoskodik rólunk az ő hegyén!"

1 MÓZES 22:14

IMA

Heti imatéma:
Imádkozz a gyülekezetedért!

HÉTFŐ

KEDD

SZERDA

CSÜTÖRTÖK

PÉNTEK

KIHÍVÁS

Ezen a héten, miközben Ábrahám történetét olvasod, gondolkodj el hitbeli utazásod győzelmein és bukásain! Mikor, milyen helyzetben tudtál erős hittel és engedelmességgel megállni? Volt olyan idő, amikor küszködtél a hiteddel? Kérd Istent, hogy segítsen neked emlékezni, és felidézni a hitéletedet, és adjon neked bölcsességet arra, hogy meglásd, mit szeretne, merre menj tovább!

HÉTFŐ

4. Hét Igerészek

1 Mózes 21:22–34

22 Történt egyszer, hogy Abímelek és Píkól, a sereg vezére felkeresték Ábrahámot. Ezt mondta neki Abímelek: „Ábrahám, látjuk, hogy Isten van veled mindenben, amit teszel. 23 Esküdj meg Istenre, hogy soha nem ártasz nekem vagy utódaimnak, hanem ugyanolyan hűséggel leszel irántam és népem iránt — akik között jövevényként laksz —, mint ahogyan én bántam veled!" 24 Ábrahám ezt válaszolta: „Megesküszöm, hogy úgy lesz!"

25 Azután szemrehányást tett Abímeleknek, hogy annak pásztorai erőszakkal elfoglaltak egy kutat, amely Ábrahámé volt. 26 Abímelek így védekezett: „Nem tudtam róla! Te sem mondtad eddig, most hallottam erről először. Nem tudom, melyik szolgám tehetett ilyet!" 27 Akkor Ábrahám juhokat, kecskéket és marhákat ajándékozott Abímeleknek, és szövetséget kötöttek egymással.

28 Majd Ábrahám különválasztott a nyájából hét fiatal nőstény juhot. 29 Abímelek pedig megkérdezte: „Miért választottad külön ezeket? Mit jelent ez?" 30 „Fogadd el tőlem ezt a hét juhot annak bizonyítékául, hogy én ástam azt a kutat!" — felelte Ábrahám. 31-32 Ezért hívják azt a helyet mindmáig Beérsebának[a] — mert ott kötöttek szövetséget, és esküvel erősítették meg. Azután Abímelek és Píkól, a sereg vezére visszatért a filiszteusok földjére. 33 Ábrahám egy tamariszkuszfát ültetett Beérsebában, és imádta az Örökkévalót, az Örök Istent. 34 Ezután még hosszú ideig tartózkodott a filiszteusok földjén.

Róma 12:9–21

9 A bennetek lévő isteni szeretet képmutatás nélkül jusson érvényre! Gyűlöljetek minden gonoszságot, viszont ragaszkodjatok ahhoz, ami jó! 10 Testvéri szeretettel szeressétek egymást, és a másik testvérnek mindig adjatok nagyobb tiszteletet, mint amit tőle vártok! 11 Ha dolgozni kell, ne lustálkodjatok, a Szent Szellem tüze lobogjon bennetek, hiszen az Urat szolgáljátok! 12 A reménység töltsön be örömmel! Legyetek türelmesek és kitartók, ha nehézségek vesznek körül! Állandóan imádkozzatok! 13 Isten népét segítsétek adományaitokkal, ha szükségük van rá! Gyakoroljátok a szíves vendéglátást!

14 Még azokat is áldjátok, akik üldöznek vagy zaklatnak titeket! Ne kívánjatok nekik semmi rosszat, hanem áldjátok őket! 15 Örüljetek együtt azokkal, akik örülnek, és sírjatok azokkal, akik sírnak! 16 Éljetek egyetértésben és összhangban egymással! Ne legyetek büszkék, hanem az egyszerű emberekkel vállaljatok közösséget! Ne becsüljétek túl magatokat!

17 Ha valaki rosszul bánik veletek, ne álljatok bosszút rajta! Arra törekedjetek, amit mindenki jónak és nemesnek tart! 18 Tegyetek meg mindent, ami tőletek telik, hogy mindenkivel békességben éljetek!

19 Szeretett testvéreim, ne álljatok bosszút magatokért! Inkább bízzátok ezt Isten haragjára, mert meg van írva: „A bosszúállás az én dolgom, én majd megfizetek, ezt mondja az Örökkévaló."[a]

20 Sőt, „ha éhezik ellenséged, adj neki enni,
    ha szomjazik, adj neki inni!
Mert olyan ez,
    mintha izzó parazsat tennél a fejére."[b]

21 Ne hagyd, hogy a gonosz legyőzzön téged! Tedd azt, ami jó és helyes — ezzel te fogod legyőzni őt!

HÉTFŐ

OLVASD EL:
1 Mózes 21:22–34; Róma 12:9–21

IMÁK:
Róma 12:18

Igevers

MÁSOLD LE A
NAPI IGEVERSEKET
A BIBLIÁDBÓL.

Megfigyelés

JEGYEZZ FEL
EGY-KÉT MEGFIGYELÉST
AZ IGESZAKASZBÓL.

Átültetés

ÍRJ LE EGY-KÉT
GONDOLATOT, AMIT
AZ OLVASOTTAKBÓL
ÁTÜLTETHETSZ A
GYAKORLATBA.

Köszönet / Kérés

KÖSZÖND MEG
ISTENNEK, AMIT MA
TANULTÁL. / KÉRJ
ISTENTŐL A SZÍVED
MÉLYÉBŐL.

HÉTFŐ

Áhítat: 4. Hét

IMÁK

Róma 12:18

„Tegyetek meg mindent, ami tőletek telik, hogy mindenkivel békességben éljetek!"

ELMÉLKEDÉS

Az 1 Mózes 21. része tovább folytatja annak felsorolását, hogy Isten hogyan távolít el az ígéret útjából mindent, ami veszélyeztetné azt. Az ígéret második pontja szerint Ábrahám örökösei örökségül kapják Kánaán földjét, és ott fognak élni. Mindezt úgy, hogy abban a pillanatban Ábrahámnak jogilag semmilyen követelése nem lehetett arra a földre.

Abímelek két dolgot ismert fel Ábrahámmal kapcsolatban: egyrészt azt, hogy Isten vele volt, másrészt azt, hogy Ábrahám nem volt mindig megbízható. Ábrahám és Abímelek békésen megegyezett a forrással kapcsolatban, megerősítve, hogy Ábrahám ott maradhat azon a földön. A fa ültetésével Ábrahám egy állandó emlékeztetőt állított saját magának és utódainak Isten ígéretével kapcsolatban: Isten nekik fogja adni azt a földet. Ábrahám maradt, és a fa a hitére és az ígéret bizonyosságára emlékeztette őt.

A szerződés segítségével Isten egy másik veszélyt is félreállított az ígéret útjából. Bár Izsák még gyermek volt, és Ábrahámnak nem volt joga a földhöz, amit megígértek neki, Ábrahám láthatta, ahogy Isten beteljesíti az ígéretét, és elmozdít minden akadályt az útból. Isten folyamatosan Ábrahámmal volt, védelmet és gondoskodást biztosítva a számára.

Végül pedig az ígéret utolsó vonatkozása szerint Ábrahám (utódaival együtt) áldás lesz minden nép számára. Ez a történet Mózes első könyvében arra emlékeztette az Ígéret Földjére belépő izraeli nemzedéket, hogyan kell viselkedniük más népekkel: a viták békés megoldására kell törekedniük. Abímelek tudta, hogy Ábrahám Istenhez tartozott, és a konfliktus békés megoldása során Ábrahám áldássá vált szomszédja számára. Ugyanez igaz Izraelre: amikor szomszédaik felismerték, hogy ők Isten választott népe, akkor megnyílt az ajtó, hogy áldássá váljanak a szomszédaik számára.

Mi is lehetünk áldás mások számára, amikor felismerik és megértik, hogy Krisztushoz tartozunk. Amikor keressük annak a lehetőségét, hogy Krisztusnak engedelmeskedjünk, akkor egyúttal embertársaink áldásává is válunk. Ahogy békés kapcsolatokra törekszünk, közben megmutatjuk Krisztus szeretetét, ez pedig Isten Ábrahámnak tett ígéretének legnagyobb áldása.

IMA

Úr Jézus, nagyon szeretnék áldás lenni a körülöttem élők számára. Mutasd meg nekem, hogyan tudok békében élni szomszédaimmal, barátaimmal és családommal. Engedd meg nekem, hogy megáldhassak másokat igazsággal és a megváltás reménységével, amit Tőled kaptam. Ámen.

KEDD

1 Mózes 22:1–19

22:1 Ezek után Isten próbára tette Ábrahámot.

Megszólította: „Ábrahám!"

Ő pedig válaszolt: „Igen, Uram!"

2 „Vedd magad mellé egyetlen fiadat, Izsákot, akit szeretsz, és menj el Mórijjá földjére! Ott majd mutatok neked egy hegyet, azon áldozd föl Izsákot égőáldozatként!" — mondta Isten.

3 Másnap Ábrahám már korán reggel fölkészült az útra. Felnyergelte a szamarát, fát hasogatott az égőáldozathoz, és két szolgájával és Izsákkal együtt elindultak arra a helyre, amelyet Isten mondott. 4 A harmadik napon Ábrahám távolról meglátta azt a hegyet, ahová igyekezett. 5 Akkor ezt mondta szolgáinak: „Telepedjetek le itt, vigyázzatok a szamárra, és várjatok ránk. Mi pedig a fiammal elmegyünk oda, és imádkozunk, azután majd visszajövünk."

6 Ábrahám a tűzifát a fia, Izsák vállára tette, az égő parazsat és a kést maga vitte, és ketten indultak tovább. 7 Útközben Izsák az apjához fordult: „Édesapám!"

„Tessék, fiam!" — mondta Ábrahám.

„Itt a fa és a parázs a tűzgyújtáshoz, de hol van az áldozati bárány?" — kérdezte Izsák.

8 „Isten maga fog gondoskodni az áldozati bárányról" — felelte Ábrahám, és együtt folytatták az utat.

9 Amikor arra a helyre értek, amelyet Isten mutatott neki, Ábrahám oltárt épített, majd elrendezte rajta a tűzifát. Azután megkötözte a fiát, Izsákot, és őt is az oltárra helyezte a tűzifa tetejére. 10 Már éppen felemelte a kést, hogy Izsákot megölje, 11 de az Örökkévaló angyala rákiáltott az égből:

„Ábrahám, Ábrahám!"

„Igen, Uram!" — felelt Ábrahám.

12 „Ne öld meg a fiút! Ne bántsd! Miután próbára tettelek, látom, hogy valóban féled és tiszteled Istent, és egyszülött fiadat sem tagadtad meg tőlem" — kiáltotta az angyal.

13 Amikor Ábrahám körülnézett, a háta mögött egy kost pillantott meg, amely szarvánál fogva megakadt a sűrű bozótban. Tehát odament, fogta a kost, és azt áldozta föl égőáldozatul a fia helyett.

14 Ezért Ábrahám így nevezte azt a helyet: „Az Örökkévaló gondoskodik." Azóta mondják ezt az emberek: „Az Örökkévaló gondoskodik rólunk az ő hegyén!"

15 Azután az Örökkévaló angyala másodszor is kiáltott Ábrahámnak az égből:

16 „Azt mondja az Örökkévaló: Mivel megtetted, hogy a fiad is átadtad nekem — igen, még az egyetlen fiadat is —, ezért magamra esküszöm, 17 hogy gazdagon és bőségesen megáldalak, utódaidat[a] megsokasítom és

megszaporítom, mint égen a csillagokat, és mint tenger partján a homokot.

A te utódod fogja birtokolni ellenségeinek kapuját, 18 és a te utódod által fogom megáldani a föld összes nemzeteit.

Igen, mindezekkel megáldalak, mert engedelmeskedtél szavamnak."

19 Ezután Ábrahám visszatért a várakozó szolgákhoz, majd együtt hazamentek Beérsebába, mert abban az időben ott táboroztak.

Zsidók 11:17–19

17-18 Ábrahámot a hite tette képessé arra, hogy a fiát, Izsákot az oltárra tegye. Isten ezzel tette próbára Ábrahámot, hiszen azt mondta neki: „Izsákon keresztül származnak majd az utódaid."[a] Bár ezt ígérte neki, Ábrahám mégis kész volt arra, hogy egyetlen fiát feláldozza. 19 Ugyanis arra a meggyőződésre jutott, hogy Isten még a halálból is fel tudja támasztani Izsákot. Amikor Isten megállította Ábrahámot, és nem engedte, hogy Izsákot ténylegesen feláldozza, az valóban olyan volt, mintha Izsák feltámadt volna.

JEGYZETEK

KEDD

OLVASD EL:
1 Mózes 22:1–19; Zsidók 11:17–19

IMÁK:
1 Mózes 22:14

Igevers

MÁSOLD LE A
NAPI IGEVERSEKET
A BIBLIÁDBÓL.

Megfigyelés

JEGYEZZ FEL
EGY-KÉT MEGFIGYELÉST
AZ IGESZAKASZBÓL.

Átültetés

ÍRJ LE EGY-KÉT
GONDOLATOT, AMIT
AZ OLVASOTTAKBÓL
ÁTÜLTETHETSZ A
GYAKORLATBA.

Köszönet / Kérés

KÖSZÖND MEG
ISTENNEK, AMIT MA
TANULTÁL. / KÉRJ
ISTENTŐL A SZÍVED
MÉLYÉBŐL.

KEDD

Áhítat: 4. Hét

IMÁK

1 Mózes 22:14

„Ezért Ábrahám így nevezte azt a helyet: 'Az Örökkévaló gondoskodik.' Azóta mondják ezt az emberek: 'Az Örökkévaló gondoskodik rólunk az ő hegyén!'"

ELMÉLKEDÉS

Ábrahám történetének csúcspontját Mózes első könyvének 22. fejezetében találjuk. Isten megpróbálta Ábrahámot, nem azért, hogy lássa, hite vajon kiállja-e a balsorsot és a próbát, hanem azért, hogy bebizonyosodjon, Ábrahám engedelmeskedik-e egy egyértelmű parancsnak, amely szembemegy Isten ígéretével.

Izsák Isten által kiválasztott utódja volt Ábrahámnak, az, akin keresztül Isten nagy népet teremt majd, akinek utódai öröklik a földet, és akin keresztül a föld összes népe áldásban részesül. Az, hogy milyen feszültséggel bírt, és Ábrahám számára mit jelentett a parancs, mely szerint fel kell áldoznia Izsákot Isten utasításának minden egyes szavában egyre jobban és jobban kicsúcsosodik: „… a te fiadat – az egyetlen fiadat, akit szeretsz, Izsákot…"

Ábrahám gondolkodás nélkül engedelmeskedett. Megtette a szükséges előkészületeket és nekilátott a parancs teljesítésének. Ábrahám Isten iránti engedelmessége, bár úgy hitte, hogy Izsákot fel fogja áldozni, megmutatja hitének mélységét. Ábrahám látta, hogyan gondoskodik róla Isten, ezért nevezte el a hegyet így: „Az Örökkévaló gondoskodik." Az Isten gondviselésébe vetett bizalma adta meg neki a kellő hitet ahhoz, hogy feláldozza Izsákot. Engedelmeskedett Istennek, mert őszintén hitt Isten gondviselésében, és Isten valóban gondoskodott róla.

Miközben Ábrahám engedelmességéről gondolkodunk, nem tehetjük meg, hogy nem kérdezzük meg magunktól, mi mennyire vagyunk hajlandóak engedelmeskedni? Amikor Isten arra kér, hogy kövessük Őt, gyakran elkéri azt, ami a legkedvesebb a számunkra. Hajlandóak vagyunk Neki adni ezeket a dolgokat, és elhinni, hogy Ő gondoskodni fog rólunk? Ő látta, mire van szüksége Ábrahámnak, így gondoskodott egy kosról. A mi szükségeinket is látja, de ez nem jelenti azt, hogy mindig vissza fogja adni, amit átadunk neki. A valódi imádat és engedelmesség lelke az áldozat. Isten arra kérte Ábrahámot, hogy adjon át Neki valamit, amit eredetileg Ő adott Ábrahámnak; valamit, ami Isten akaratából lett övé. Amikor Isten tőlünk, Ábrahámhoz hasonlóan, ugyanezt kéri, higgyük el, Neki van hatalma arra, hogy gondoskodjon rólunk, és engedelmeskedjünk gondolkodás nélkül!

IMA

Uram, nagyon szeretnék Neked engedelmeskedni, bármit is kérsz tőlem. Adj nekem olyan hitet, amilyen Ábrahámnak volt, aki hitte, hogy gondoskodni fogsz róla. Adj olyan hitet, amely bízik a parancsaidban, még akkor is, amikor azok nagy áldozatot követelnek tőlem. Ámen.

SZERDA

4. Hét Igerészek

1 Mózes 22:20—24

20 Később valaki hírt hozott Ábrahámnak Náhórról, a testvéréről. Elmondta, hogy Náhórnak és feleségének, Milkának fiai születtek: 21 Úc, az elsőszülött, azután Búz, a második, majd Kemúél, a harmadik, akinek fia Arám, 22-23 azután Keszed, Hazó, Pildás, Jidláf és Betúél. Ezek nyolcan mind Náhór és Milká fiai voltak. Rebeka Betúél leánya volt. 24 Náhórnak még négy gyermeke született a másodfeleségétől, Reúmától: Tebah, Gaham, Tahas és Maaka.

Zsidók 11:8—12

8 Ábrahám is a hite által engedelmeskedett, amikor Isten hívta, hogy költözzön egy másik országba. Elindult, bár fogalma sem volt róla, hol van az az ország, csak azt tudta, hogy Isten neki ígérte örökségül. 9 Miután odaért, ugyancsak a hite által lakott azon a megígért földön, de csak úgy, mintha menekült lett volna egy idegen országban. Sátorban lakott, akárcsak Izsák és Jákób, akinek Isten ugyanazt az ígéretet tette. 10 Azért vándorolt, mert hittel várta azt a várost,[a] amelynek alapja szilárd, és amelyet maga Isten tervezett és épített.

11 Sárának egészen addig még nem született gyermeke, és már túl öreg volt ahhoz, hogy szüljön. Ábrahám hite által Sára mégis képessé vált arra, hogy gyermeket foganjon és szüljön. Ugyanis Isten ezt előre megígérte Ábrahámnak, aki teljesen megbízott benne. 12 Így történt, hogy ettől az egyetlen férfitől, Ábrahámtól — aki akkor már közel volt a halálhoz — olyan sokan származtak, mint égen a csillagok, vagy mint tengerparton a homokszemek.

SZERDA

OLVASD EL:
1 Mózes 22:20–24; Zsidók 11:8–12

IMÁK:
Zsidók 11:8–10

Igevers

MÁSOLD LE A
NAPI IGEVERSEKET
A BIBLIÁDBÓL.

Megfigyelés

JEGYEZZ FEL
EGY-KÉT MEGFIGYELÉST
AZ IGESZAKASZBÓL.

Átültetés

ÍRJ LE EGY-KÉT GONDOLATOT, AMIT AZ OLVASOTTAKBÓL ÁTÜLTETHETSZ A GYAKORLATBA.

Köszönet / Kérés

KÖSZÖND MEG ISTENNEK, AMIT MA TANULTÁL. / KÉRJ ISTENTŐL A SZÍVED MÉLYÉBŐL.

SZERDA

IMÁK

Zsidók 11:8-10

„Ábrahám is a hite által engedelmeskedett, amikor Isten hívta, hogy költözzön egy másik országba. Elindult, bár fogalma sem volt róla, hol van az az ország, csak azt tudta, hogy Isten neki ígérte örökségül. Miután odaért, ugyancsak a hite által lakott azon a megígért földön, de csak úgy, mintha menekült lett volna egy idegen országban. Sátorban lakott, akárcsak Izsák és Jákób, akiknek Isten ugyanazt az ígéretet tette. Azért vándorolt, mert hittel várta azt a várost, amelynek alapja szilárd, és amelyet maga Isten tervezett és épített."

ELMÉLKEDÉS

Mózes 1. könyvének 22 része egy átvezetéssel zárul, ahol a történet súlypontja Ábrahám hitéről és életéről fiára, Izsákra kerül át. Ebben a rövid kis genealógiai összegzésben az író emlékezteti az könyv eredeti olvasóit Náhór leszármazottaira. Mózes első könyvét Mózes írta Izrael azon nemzedékének, akik belépni készültek az Ígéret földjére. Miután kiszabadultak Egyiptomból, majd 40 évig vándoroltak a pusztában engedetlenségük miatt, Izrael végre készen állt arra, hogy birtokba vegye azt a földet, amelyet Isten ősüknek, Ábrahámnak megígért.

Ez a kis közjáték átvezet Ábrahámról Izsákra, miközben betekintést nyújt arra vonatkozóan is, hogy honnan származik Rebeka, Izsák felesége: Ábrahám testvérének, Náhórnak a családjába tartozott, így láthatjuk azt is, hogy Ábrahám családjának öröksége fiában, Izsákban folytatódik. Náhór családjának növekedésével Isten gondoskodott arról, hogy az ígéret Izsákon keresztül folytatódjon még akkor is, amikor Ábrahám és Sára már nem lesznek.

A Zsidókhoz írt levél szerzője összefoglalja Ábrahám életét és hitét. Miközben végére érünk Ábrahám történetének Mózes első könyvében, a Zsidókhoz írt levélben elolvashatjuk Ábrahám Isten ígéretébe vetett hitének főbb pontjait. Bár győzelmet és kudarcot is egyaránt megtapasztalt, Ábrahám mindig Isten ígéretét kereste. Ugyan néhány botlását pont az ígéret védelme érdekében követte el, Isten mégis mindig közbelépett a történet hőseként.

Ábrahám hitbeli öröksége volt az, amit tovább tudott adni Izsáknak, szeretett fiának, a megígért örökösnek. Ahogyan Ábrahámnak hinnie kellett, hogy Isten megcselekszi, amit megígért, úgy Izsáknak szintén nagy hitet kellett gyakorolnia. Bár Izsák másfajta körülményekkel szembesül, mint az apja, látni fogjuk, ahogy ő egyszerre tesz szilárd hitről tanúbizonyságot és bízik a saját módszereiben. Kudarcaitól függetlenül Ábrahám és Izsák is hitték, hogy övék lesz az ígéret, mert hittek az Ígéret Megtartójában.

IMA

Mennyei Atyám, tudom, hogy életem minden részletét látod. Bocsáss meg, amikor a hitem nem csupán Benned van. Tudom, hogy egyedül Te építesz számomra szép jövőt. Köszönöm, hogy a hit példáit állítod elénk, nem pedig a tökéletesség mintaképeit. Ámen.

CSÜTÖRTÖK
4. Hét Igerészek

1 Mózes 23
23:1 Sára 127 évet élt — ennyi volt az életideje. 2 Kánaán földjén halt meg, Kirját-Arbában, vagyis Hebronban.

Ábrahám meggyászolta a feleségét. 3 Majd mikor leteltek a gyász napjai, elment a hettitákhoz, és így szólt hozzájuk: 4 „Tudjátok, hogy idegen és jövevény vagyok közöttetek. Kérlek, adjatok nekem alkalmas temetkezőhelyet saját birtokul, hogy oda temessem halottamat!"

5-6 „Hallgass meg minket, Urunk — felelték a hettiták —, hiszen nagy fejedelem vagy közöttünk! Válaszd bármelyik neked tetsző temetkezőhelyet, és oda temesd halottadat! Egyikünk sem fogja megtagadni tőled, sem megakadályozni téged, akármelyikünké is legyen az a hely."

7 Akkor Ábrahám fölkelt, és meghajolt a hettiták előtt, 8 majd ezt válaszolta: „Ha valóban megengeditek, hogy itt temessem el halottamat, akkor szóljatok az érdekemben Efrónnak, Cóár fiának! 9 Mert az ő tulajdona az a makpélai barlang, a szántóföldje végében — azt szeretném megvenni tőle. Teljes árat fizetek érte, akármennyi is legyen az. Itt előttetek kész vagyok megadni az árát, hogy saját temetkezőhelyem legyen az a barlang."

10 Efrón is ott ült a hettita vezetők között, és most ő szólalt meg, hogy mindenki hallotta, aki arra járt a városkapunál: 11 „Nem úgy, Uram! Hanem, kérlek, hallgasd meg ajánlatomat! Neked adom azt az egész földet, amelyben a barlang fekszik. Népem fiai előtt, mint tanúk előtt, neked adom, csak temesd oda halottadat!"

12 Ábrahám ismét meghajolt a föld tulajdonosai előtt. 13 Majd ezt válaszolta Efrón ajánlatára az összes jelenlévő hettita előtt: „Kérlek, fogadd el, hogy teljes árat akarok fizetni a földedért! Ha eladod azt a földet, én megveszem tőled, és megadom az árat, amit kérsz. Akkor majd eltemetem oda halottamat."

14 Efrón akkor így felelt: 15 „Uram, kérlek, halld ajánlatomat! Az a földdarab mindössze 400 sékel ezüstöt[a] ér. De kettőnk között egy ilyen összeg csekélységnek számít — temesd csak el oda nyugodtan halottadat!"

16 Ábrahám ezzel elfogadta az ajánlatot, és a többi hettita előtt kimérte Efrón kezéhez a 400 sékel ezüstöt, ahogy az a kereskedők között szokás, ha üzletet kötnek.

17-18 Így vásárolta meg a hettiták nyilvánossága előtt Ábrahám Efróntól azt a makpélai földdarabot. Ez a terület Mamrétól, azaz Hebrontól keletre fekszik, fák is vannak rajta, és ebben van az a bizonyos barlang. Mindez Ábrahám tulajdona lett. 19 Ezután Ábrahám eltemette Sárát, a feleségét Makpéla mezején, a barlangban, Mamrétól, azaz Hebrontól keletre, Kánaán földjén. 20 Ez a földdarab, a benne fekvő barlanggal együtt — mivel a hettitáktól megvásárolta — Ábrahám jogos tulajdona lett, családi temetkezőhelyül.

Zsidók 11:13–16
13 Ezek az emberek mind hitben éltek és haltak meg, de életükben nem kapták meg mindazt, amit Isten nekik ígért. Csak távolról látták azokat, és

már előre örültek az ígéretek jövendő beteljesülésének. Nyíltan megvallották, hogy idegenek és jövevények, akik csak átutazóban vannak a Földön. 14 Ezzel azt is kifejezték, hogy várják és keresik a saját hazájukat. 15 Mert, ha abba az országba kívánkoztak volna vissza, ahonnan eljöttek, bőven lett volna idejük, hogy visszatérjenek oda. 16 Ők azonban sokkal jobbat kívántak: olyan ország után vágyakoztak, amely a Mennyben van. Ezért Isten sem szégyelli, hogy őt Ábrahám, Izsák és Jákób Istenének nevezzék, mert valóban elkészítette számukra azt a mennyei várost!

JEGYZETEK

CSÜTÖRTÖK

OLVASD EL:
1 Mózes 23; Zsidók 11:13–16

IMÁK:
Zsidók 11:13

Igevers

MÁSOLD LE A
NAPI IGEVERSEKET
A BIBLIÁDBÓL.

Megfigyelés

JEGYEZZ FEL
EGY-KÉT MEGFIGYELÉST
AZ IGESZAKASZBÓL.

Átültetés

ÍRJ LE EGY-KÉT GONDOLATOT, AMIT AZ OLVASOTTAKBÓL ÁTÜLTETHETSZ A GYAKORLATBA.

Köszönet / Kérés

KÖSZÖND MEG ISTENNEK, AMIT MA TANULTÁL. / KÉRJ ISTENTŐL A SZÍVED MÉLYÉBŐL.

CSÜTÖRTÖK

Áhítat: 4. Hét

IMÁK

Zsidók 11:13

„Ezek az emberek mind hitben éltek és haltak meg, de életükben nem kapták meg mindazt, amit Isten nekik ígért. Csak távolról látták azokat, és már előre örültek az ígéretek jövendő beteljesülésének. Nyíltan megvallották, hogy idegenek és jövevények, akik csak átutazóban vannak a Földön."

ELMÉLKEDÉS

Sára halála, ahogy az 1 Mózes 23-ban olvasunk róla, emlékeztetőül szolgált az eredeti hallgatóságnak (és nekünk), hogy Isten ígéretei gyakran túlmutatnak az életünkön. A történet első olvasók megértették, hogy bár Sára meghalt (később pedig maga Ábrahám is), Isten továbbra is munkálkodik az ígéretek betartásán, hiszen a olvasók is Isten ígéretének megvalósulásai voltak: éppen arra készültek, hogy belépjenek Kánaán földjére, arra földre, amelyet Isten megígért nekik.

Ábrahám szempontjából nézve Sára halála annak a jele volt, hogy Isten ígérete a leszármazottakon keresztül valósul meg. Az ígéret, mely szerint nagy nép származik belőle, mely szerint örökli a földet és áldássá válik minden nemzet számára, nem valósult meg Ábrahám és Sára életének során, bár az előjeleket ők is láthatták. Ábrahám felismerte, hogy készülnie kell a jövőre, hogy fel kell készítenie Izsákot és annak gyermekeit, mert ők lesznek azok, akik talán életükben meglátják majd az Ígéret földjét.

Ábrahám hit által cselekedett. Még mindig kívülállónak számított a földön, ahol élt. Semmire, még egy darabka földre sem formálhatott jogot. A hagyomány szerint Ábrahámnak vissza kellett volna térnie Paddan-Arámba, ahol a családja élt, és ott kellett volna eltemetnie Sárát. Ehelyett vett egy földet és temetkezési helyet a hettita Efróntól. Azáltal, hogy Sárát ott temette el, Ábrahám állandó otthonává tette Kánaánt. Ez lett az a hely, ahova utódainak el kellett jönniük eltemetni halottaikat. Ez lett az a föld, ahol majd az utódok élni fognak.

Sára hitben halt meg, felismerve, hogy Isten munkája több nemzedéken át tart, és hogy ígéreteit az utódain fogja betölteni. Ábrahám szintén hitben cselekedett: elhitte, hogy bár ő nem fogja látni Isten ígéretének teljes megvalósulását a saját életében, Isten attól még megtartotta a szövetséget. Isten ígéreteit nem korlátozzák a mi képességeink, hitünk minősége, vagy az életünk hossza. Ő véghez viszi, amit megígért, tökéletes időzítéssel, függetlenül a mi életünktől vagy türelmünk végességétől.

IMA

Istenem, a Te felfogásod az időről felmérhetetlenül hatalmasabb és teljesebb, mint az enyém. Küzdök azzal, hogy megértsem a Te időzítésedet. Adj nekem akaraterőt, hogy várni tudjak Rád, függetlenül a körülményeimtől! Adj nekem hitet, hogy higgyek abban, hogy Te a megfelelő időben teljesíted az ígéreteidet. Ámen.

PÉNTEK

1 Mózes 24:1–60

24:1 Az Örökkévaló mindenben megáldotta Ábrahámot, aki magas kort ért meg. 2-4 Egy napon magához hívta a legidősebb és rangban első szolgáját, akire a többi szolga irányítását és minden vagyona igazgatását bízta. Ezt mondta neki: „Jöjj csak ide! Rád akarom bízni, hogy hozz feleséget a fiamnak, Izsáknak. Meg kell esküdnöd az Örökkévalóra, ég és föld Istenére, hogy nem a kánaániak leányai közül szerzel neki feleséget! Nem azok közül, akik ezen a földön élnek! Hanem visszatérsz abba az országba, ahonnan jöttem, ott felkeresed a rokonaimat, és közülük hozol a fiamnak feleséget. Tedd ide a kezedet a combom alá, és esküdj meg!"

5 A szolga megkérdezte: „Ha az a leány nem akarna velem ide jönni, akkor vigyem vissza a fiadat arra a földre, amelyről kijöttél?"

6 „Nem, dehogy! A fiamat semmi szín alatt ne vidd vissza! 7 Az Örökkévaló, az ég Istene kihozott engem apám házából és családjából. Kihozott szülőföldemről és rokonaim közül. Megszólított, és megesküdött, hogy utódaimnak adja ezt a földet. Igen, az Örökkévaló küldje el angyalát előtted, hogy sikerrel járj, és onnan hozz a fiamnak feleséget! 8 Ha pedig az a leány nem akar veled eljönni, akkor fel vagy mentve az eskü alól — csak a fiamat oda vissza ne vidd!" — felelte Ábrahám.

9 Akkor a szolga Ábrahám combja alá tette a kezét, és megesküdött erre.

10 Majd kiválasztott tízet gazdája tevéi közül, és megrakta őket gazdája válogatott kincseivel, amelyeket ajándéknak szánt. A tevekaravánnal azután Mezopotámiába indult. Hosszú utazás után megérkezett a városhoz, ahol régen Náhor lakott. 11 Már esteledett, amikor a város határában egy kút mellett megállapodott, és megpihentette tevéit. Ebben az időben szoktak az asszonyok és leányok a kúthoz jönni, hogy vizet merítsenek.

12 A szolga ekkor így imádkozott: „Örökkévaló, Ábrahámnak, gazdámnak Istene! Kérlek, mutasd meg Ábrahám iránti hűségedet és jóindulatodat! Segíts meg, hogy még ma megtaláljam azt a leányt! 13 Nézd, ide állok a kút mellé, mikor a városból vízért jönnek a leányok! 14 Adj nekem, kérlek, jelt, hogy lássam, melyik fiatal leányt szántad Izsáknak! Ez legyen a jel: amikor megkérem őket, hogy adjanak innom a korsójukból, amelyikük azt válaszolja: »Igyál csak, sőt még a tevéidet is megitatom« — arról fogom tudni, hogy ő az, akit Izsáknak szántál feleségül. Így mutasd meg, kérlek, hogy szeretettel és hűséggel vagy gazdám iránt!"

15-16 Még be sem fejezte, amikor egy fiatal leány közeledett a kúthoz, korsóval a vállán. Rebeka volt az, Betúél leánya. (Betúél Milká fia, Milká pedig Náhórnak, Ábrahám testvérének felesége volt.) Nagyon szép volt a leány, fiatal és hajadon. Lement a kúthoz, megtöltötte a korsót, majd indult vissza. 17 Ekkor Ábrahám szolgája odafutott hozzá, és megszólította: „Kérlek, adj innom a korsódból!" 18 Rebeka azonnal levette a korsót a válláról, és inni adott neki: „Igyál, uram!" 19 Majd, miután a szolga ivott, még hozzátette: „Húzok vizet a tevéidnek is, uram, és adok nekik, amennyit kívánnak[a]." 20 Sietve hozzá is látott a tíz teve megitatásához: korsójából az állatok vályújába öntötte a vizet, majd ismét hozott a kútról, amíg csak a tevék eleget nem ittak.

21 Közben a szolga szótlanul állt, és figyelte, hogy az Örökkévaló hogyan ad választ kérésére, és hogy sikeressé teszi-e küldetését. 22 Amikor a tevék már teleitták magukat, a szolga Rebekának ajándékozott egy fél sékel súlyú arany gyűrűt[b], meg két arany karperecet, amelyek egyenként 5 sékelt[c] nyomtak. 23 Majd megkérdezte: „Kérlek, mondd meg nekem, kinek a leánya vagy? Van-e számunkra szálláshely apád házánál?"

24 Rebeka válaszolt: „Apám Betúél, akit Milká Náhornak szült — 25 majd hozzátette —, van nálunk bőven hely a számotokra, meg az állataitoknak is takarmány, megszállhattok nálunk!"

26 Akkor a szolga földig hajtotta magát, és imádta az Örökkévalót: 27 „Áldott legyen az Örökkévaló, gazdámnak, Ábrahámnak Istene, aki hűséggel és szeretettel bánt gazdámmal, és megtartotta ígéretét! Bizony, ő az, aki engem gazdám testvérének családjához vezetett!"

28 Ezalatt Rebeka hazafutott, és mindent elmondott anyjának és a többieknek.

29-30 Ott volt a bátyja, Lábán is, aki mindent hallott, és látta az ékszereket, amelyeket Rebeka kapott. Kifutott hát a forráshoz, és ott találta Ábrahám szolgáját a tevékkel együtt. 31 Ezt mondta neki: „Jöjj be hozzánk, áldott embere az Örökkévalónak! Ne várakozz itt kint, készítettem szállást a számotokra, és az állataitoknak is adok helyet!"

32 Amikor Ábrahám szolgája a rokonok házához érkezett, Lábán lemálházta a tevéket, enni adott nekik, azután a férfiaknak vizet adott, hogy lemossák lábukról az út porát. 33 Majd vacsorához ültették őket, de Ábrahám szolgája ezt mondta: „Előbb szeretném elmondani, mi járatban vagyok, majd azután eszem."

„Hallgatunk téged!" — mondta Lábán.

34 A szolga hozzákezdett: „Én Ábrahámot szolgálom, 35 akit az Örökkévaló gazdagon megáldott és hatalmassá tett. Adott neki az Örökkévaló nyájakat és csordákat, rengeteg ezüstöt és aranyat, sok szolgát és szolgálót, tevét és szamarat. 36 Sára, uramnak felesége fiút szült uramnak idős korában, és uram minden vagyonát ez a fiú örökli.

37 Mikor elindultam, uram megesketett engem: »Ne a kánaániak leányai közül szerezz a fiamnak feleséget! Ne azok közül, akik ezen a földön laknak! 38 Utazz el abba az országba, ahonnan jöttem, ott keresd fel apám rokonait, és közülük hozz a fiamnak feleséget.« 39 Akkor megkérdeztem uramtól: Ha az a leány nem akarna velem ide jönni, akkor mitévő legyek?

40 Ő pedig így felelt: »Az Örökkévaló, akinek jelenlétében élek, elküldi angyalát előtted, hogy sikeressé tegye utadat, és feleséget hozz a fiamnak apám rokonsága közül. 41 Ha pedig elmész a rokonaimhoz, de ők nem akarják elengedni azt a leányt veled, akkor fel leszel mentve esküd alól.«

42 Amikor ma a kúthoz érkeztem, így imádkoztam: Örökkévaló, Ábrahámnak, gazdámnak Istene! Kérlek, tedd sikeressé küldetésemet! 43

Nézd, ide állok a kút mellé, és megvárom, amíg a városból vízért jön egy leány. Majd megkérem, hogy adjon innom a korsójából. 44 Ha így felel: »Igyál csak, sőt még a tevéidet is megitatom« — arról fogom tudni, hogy ő az, akit Izsáknak szántál feleségül!

45 Még be sem fejeztem magamban az imádkozást, amikor láttam, hogy Rebeka közeledik a kúthoz, korsóval a vállán. Lement a kúthoz, és megtöltötte a korsót. Ekkor megszólítottam: »Kérlek, adj innom a korsódból!« 46 Rebeka azonnal levette a korsót a válláról, és ezt mondta: »Igyál! Húzok vizet a tevéidnek is, és megitatom őket.« Akkor ittam, és Rebeka megitatta a tevéimet is. 47 Majd megkérdeztem: »Kérlek, mondd meg nekem, kinek a leánya vagy?« Rebeka válaszolt: »Apám Betúél, akit Milká Náhornak szült.« Akkor megajándékoztam őt egy arany gyűrűvel[d] és két arany karpereccel.

48 Majd földig hajoltam, imádtam és áldottam az Örökkévalót, gazdámnak, Ábrahámnak Istenét, aki egyenes úton vezetett engem, gazdám testvérének leányához, hogy őt vigyem a gazdám fiának feleségül.

49 Most hát, kérlek, mondjátok meg, jóindulattal és rokoni szeretettel bántok-e gazdámmal! Ha nem, mondjátok meg azt is, hogy tovább menjek!"

50 Erre Betúél és Lábán így válaszoltak: „Nyilvánvaló, hogy lépéseidet az Örökkévaló irányította hozzánk! Ehhez nincs mit hozzátenni, és mi semmit sem szólhatunk ellene. 51 Nézd, itt van Rebeka, vidd őt magaddal, és legyen urad fiának felesége — úgy, ahogy azt az Örökkévaló elhatározta."

52 Amikor ezt Ábrahám szolgája hallotta, földig hajolt az Örökkévaló előtt. 53 Azután megajándékozta Rebekát azokkal a drága holmikkal, amelyeket erre a célra hozott magával: gyönyörű ruhákkal, értékes arany- és ezüstékszerekkel. Drága ajándékokat adott Rebeka anyjának és bátyjának is. 54 Ezután a szolga és a kíséretében lévő emberek ettek-ittak, majd ott töltötték az éjszakát. Reggel a szolga kérte vendéglátóit, hogy engedjék útra kelni, hogy visszatérjen urához.

55 Rebeka anyja és bátyja azonban ezt felelték: „Hadd maradjon még velünk Rebeka vagy tíz napig, azután keljetek útra!"

56 De a szolga így válaszolt: „Kérlek, ne tartsatok vissza, ha már az Örökkévaló ennyire megáldotta küldetésemet! Bocsássatok el, hadd térjek vissza uramhoz!"

57 „Jól van, hívjuk ide, és kérdezzük meg a leányt" — válaszolták ők.

58 Így is történt. Megkérdezték Rebekát: „Akarsz-e még ma útra kelni Ábrahám szolgájával?"

„Igen, még ma elmegyek" — felelte ő.

59 Ekkor a családja elbocsátotta őt, és vele együtt a dajkáját, és a vendégeiket, Ábrahám szolgáit. 60 Családtagjai búcsúzóul így áldották meg Rebekát:

„Sokasodjanak utódaid, húgunk,
    ezerszer tízezerig!
Foglalja el utódod
    ellenségeinek kapuját!"

PÉNTEK

OLVASD EL:
1 Mózes 24:1–60

IMÁK:
1 Mózes 24:7–8

Igevers

MÁSOLD LE A
NAPI IGEVERSEKET
A BIBLIÁDBÓL.

Megfigyelés

JEGYEZZ FEL
EGY-KÉT MEGFIGYELÉST
AZ IGESZAKASZBÓL.

Átültetés

ÍRJ LE EGY-KÉT
GONDOLATOT, AMIT
AZ OLVASOTTAKBÓL
ÁTÜLTETHETSZ A
GYAKORLATBA.

Köszönet / Kérés

KÖSZÖND MEG
ISTENNEK, AMIT MA
TANULTÁL. / KÉRJ
ISTENTŐL A SZÍVED
MÉLYÉBŐL.

PÉNTEK

Áhítat: 4. Hét

IMÁK

1 Mózes 24:7–8

„'Az Örökkévaló, az ég Istene kihozott engem apám házából és családjából. Kihozott szülőföldemről és rokonaim közül. Megszólított, és megesküdött, hogy utódaimnak adja ezt a földet. Igen, az Örökkévaló küldje el angyalát előtted, hogy sikerrel járj, és onnan hozz a fiamnak feleséget! Ha pedig az a leány nem akar veled eljönni, akkor fel vagy mentve az eskü alól – csak a fiamat oda vissza ne vidd!' – felelte Ábrahám"

ELMÉLKEDÉS

Ahogy tovább olvasunk az átmenet időszakról, amikor a fókusz Ábrahám életéről és hitéről Izsák életére és hitére kerül, Ábrahám hite Isten ígéretében ismét megerősítést nyer. Azzal, hogy Sára és a családja többi tagja számára temetkezési földet vásárol, Ábrahám tanúbizonyságát adja abba vetett hitének, hogy Isten ígéretének megfelelően ez a föld az utódaié lesz. Amikor Ábrahám elküldi szolgáját Paddan-Arámba, hogy feleséget keressen Izsáknak, ismét a hitét látjuk megnyilvánulni.

Ábrahámnak feleséget kellett keresnie fia számára, hogy az ígéret beteljesedjen. Isten nem tudja nagy néppé tenni Izsákot, ha agglegény marad (Izsák nagyjából 40 éves volt, amikor megházasodott). Ábrahám saját népe közül akart feleséget a fiának, ezért küldte szolgáját Paddan-Arámba. A nyomatékos kérésben, hogy ne Izsák menjen a menyasszony otthonába, hanem a menyasszonyt hozzák el Izsákhoz, szintén Ábrahám hite nyilvánul meg. Nemcsak arról volt meggyőződve, hogy Isten megajándékozza egy feleséggel Izsákot, hanem arról is, hogy Isten Izsák feleségét leendő otthonukba, Kánaán földjére hozza, hogy a leszármazottak benépesíthessék majd azt a földet, amelyet Isten nekik ígért.

Amikor a szolgát elküldik, ő arra kéri Istent, mutassa meg Ábrahám iránti szövetséges hűségét, a hesedet. A héber „hesed" szót gyakran fordítják hűséges szeretetnek, de jóval mélyebb jelentéssel bír, mint amit a szeretet szó ki tud fejezni. Isten hesede, hűséges szeretete a szövetséghez kapcsolódik. A szolga arra kérte Istent, hogy mutassa meg szövetséges hűségét Ábrahámnak. A szolga ugyanúgy meg volt győződve az ígéret valóságáról, amelyet Isten tett Ábrahámnak és családjának, akárcsak Ábrahám. Tudta, Isten bizonyítani fogja hűségét az ígéretéhez és az Ábrahámmal kötött szövetségéhez, mert már számtalanszor megbizonyosodott róla. Így amikor azt a feladatot kapta, hogy feleséget találjon Izsáknak, így Isten ígérete folytatódhasson, bízott Istenben, hogy közbelép szolgájának, Ábrahámnak tett szövetséges hűsége érdekében.

IMA

Uram, Te mindig hűséges vagy. Köszönöm, hogy Ábrahám történetén keresztül megmutatod, milyen hűségesen kitartasz az ígéreteid és a szövetséged mellett. Segíts, hogy olyan hitem legyen, mint Ábrahámnak és az ő szolgájának, hogy higgyek abban, Te mindig a Te szövetségednek megfelelően fogsz cselekedni, bármi történjen is. Ámen.

ELMÉLKEDŐ
KÉRDÉSEK

1. Mit tudsz tenni ma azért, hogy elősegítsd a békességet a kapcsolataidban? Hogyan lehetsz áldás azok számára, akik békességben szeretnének élni körülötted?

2. Hogy válaszolsz, amikor Isten azt kéri, engedelmeskedj a parancsainak? Van valami, amiben ma kéri, hogy rendeld alá magad neki? Kérj tőle hitet az engedelmességhez!

3. Vedd számba Ábrahám néhány nagy, hitbeli győzelmét és bukását! Hogyan bátorítanak ezek téged a saját hitbeli utazásod során?

4. Mire vársz, mit tegyen Isten érted? Hogyan gyakorolhatod az ígéreteibe vetett hitet még akkor is, ha Ő látszólag tétlen?

5. Hogyan láttad már az életedben Isten hűségességét és kedvességét? Hogyan árasztott el téged Isten az Ő jóságával, ahogyan tette Ábrahám szolgájával is?

JEGYZETEK

JEGYZETEK

5. HÉT

Rebeka meddő volt, ezért Izsák könyörgött az Örökkévalónak a feleségéért. Az Örökkévaló meghallgatta, és megadta, hogy Rebeka gyermeket foganjon.

1 MÓZES 25:21

IMA

Heti imatéma:
Imádkozz a misszionáriusokért!

HÉTFŐ

KEDD

SZERDA

CSÜTÖRTÖK

PÉNTEK

KIHÍVÁS

Miért ilyen fontos Isten számára a hit? Mit jelent, hogy bizonyosak lehetünk a
reménységünkben, és megbizonyosodhatunk arról, amit nem látunk? Ezen a héten
gondolkodj el Ábrahám, Sára, Izsák és Rebeka hitén! Mit tanulhatsz az ő hitükből?

HÉTFŐ

5. Hét Igerészek

1 Mózes 24:61–67

61 Ezután Rebeka a szolgálóival együtt tevékre ült, és Ábrahám szolgáját követve, útra keltek. Így vitte el a szolga Rebekát.

62 Izsák tovább költözött a Lahaj-Rói forrástól a délvidékre. 63 Egyik este Izsák éppen kiment a mezőre elmélkedni, és amint fölnézett, messziről látta, hogy egy tevekaraván közeledik.

64 Rebeka is észrevette Izsákot a távolból, s azonnal leszállt a tevéről. 65 Megkérdezte a szolgát: „Uram, kérlek, ki az a férfi ott a távolban, aki felénk közeledik?"

„Ő Izsák, az én uram" — felelte a szolga. Ekkor Rebeka elfátyolozta[a] magát.

66 Miután találkoztak, a szolga mindenről beszámolt Izsáknak. 67 Rebekát Izsák bevezette abba a sátorba, amely Sáráé volt. Azután feleségül vette Rebekát, és nagyon megszerette — s többé már nem szomorkodott Sára halála miatt.

Zsidók 11:1

11:1 Hinni pedig azt jelenti, hogy bizonyosak vagyunk abban, amit remélünk. Aki hisz valamiben, az meg van győződve arról, hogy az a dolog valóságosan létezik, annak ellenére, hogy nem látja.

Zsidók 11:6

6 Hit nélkül ugyanis nem lehet Isten tetszését elnyerni. Aki Istenhez közeledni akar, annak hinnie kell, hogy Isten létezik, és abban is, hogy Isten megjutalmazza az őt keresőket.

HÉTFŐ

OLVASD EL:
1 Mózes 24:61–67; Zsidók 11:1, 6

IMÁK:
Zsidók 11:1, 6

Igevers

MÁSOLD LE A
NAPI IGEVERSEKET
A BIBLIÁDBÓL.

Megfigyelés

JEGYEZZ FEL
EGY-KÉT MEGFIGYELÉST
AZ IGESZAKASZBÓL.

Átültetés

ÍRJ LE EGY-KÉT
GONDOLATOT, AMIT
AZ OLVASOTTAKBÓL
ÁTÜLTETHETSZ A
GYAKORLATBA.

Köszönet / Kérés

KÖSZÖND MEG
ISTENNEK, AMIT MA
TANULTÁL. / KÉRJ
ISTENTŐL A SZÍVED
MÉLYÉBŐL.

HÉTFŐ

Áhítat: 5. Hét

IMÁK

Zsidók 11:1, 6

„Hinni pedig azt jelenti, hogy bizonyosak vagyunk abban, amit remélünk. Aki hisz valamiben, az meg van győződve arról, hogy az a dolog valóságosan létezik, annak ellenére, hogy nem látja."

„Hit nélkül ugyanis nem lehet Isten tetszését elnyerni. Aki Istenhez közeledni akar, annak hinnie kell, hogy Isten létezik, és abban is, hogy Isten megjutalmazza az őt keresőket."

ELMÉLKEDÉS

Rebeka nem is sejtette, hogy aznap megváltozik az élete. A városon kívüli kúthoz ment vizet meríteni, ahogyan oly sokszor azelőtt. Amit nem tudott, az az, hogy ezen a napon a kúthoz vezető útja Isten által elrendelt találkozó volt, amely drasztikusan megváltoztatta az életét.

Rebeka hű volt azon, amit Isten adott neki. Vizet gyűjtött háztartásához, hűen szolgálta családját. Hajlandó volt segíteni másoknak, idegeneknek és kívülállóknak egyaránt, köztük Ábrahám szolgájának. Még vizet is merített a tevéinek. Amit Rebeka nem tudott, az az, hogy amikor egy egyszerű kedves gesztust ajánlott fel egy idegennek, tettei valójában egy imára adott válaszok voltak. Ábrahám szolgája kifejezetten azért imádkozott, hogy Isten adjon feleséget Ábrahám fiának, Izsáknak, és hogy Isten azonosítsa ezt a nőt azáltal, ahogyan szolgál. Rebeka volt a válasz egy imára és egyben Isten ígéretének folyamatos beteljesedése Ábrahám családjában.

Ahogy Ábrahám szolgája elmagyarázta útjának célját, Rebeka felismerte Isten gondviselését. Hajlandó volt elhagyni családját, hazáját, és mindent, amit ismert, hogy feleségül menjen egy férfihoz, akivel sosem találkozott, mert hitt Isten szövetséges hűségében. Rebeka felismerte, hogyan munkálkodik Isten az Ő céljainak megvalósításán, és hitt benne, hogy ő is ennek az isteni tervnek volt részese.

Az, hogy Rebeka kész volt követni Istent, hihetetlen hitet mutat. Az élete hirtelen megváltozott, de hitt benne, hogy Istennek tervei vannak vele. Tettei mély bizalmat, az Isten gondviselésébe vetett bizalmat árulnak el. Rebeka példája arra buzdít minket, hogy legyünk hűek azon, amit Isten adott nekünk. Hite megmutatja, hogy nem számít, hol vagyunk, Isten felülírhatja terveinket az Ő isteni szándékával. Legyünk olyanok, mint Rebeka, és legyünk készek követni Őt, bárhová is vezet.

IMA

Uram, biztos vagyok benne, hogy munkálkodsz az életemben. Még ha nem is látom, mit csinálsz, hiszem, hogy van terved számomra és a családom számára. Növeld hitemet, míg bizakodva várok Rád, és hiszem, hogy betartod ígéreteid. Ámen.

KEDD

5. Hét Igerészek

1 Mózes 25:1–11

25:1 Ábrahám újra megházasodott. Ketúrának hívták a feleségét. 2 Tőle születtek ezek a fiai: Zimrán, Joksán, Medán, Midján, Jisbák és Súah. 3 Joksán fiai: Sebá és Dédán. Az asszírok, letúsiak és a leummiak Dédántól származnak. 4 Midján fiai: Éfá, Éfer, Hanók, Abídá és Eldáá. Ezek mindannyian Ketúrá leszármazottjai.

5 Ábrahám még életében úgy rendelkezett, hogy minden vagyonát Izsák örökölje. 6 A többi fiának, akik másodfeleségeitől születtek, ajándékokat adott, és még életében elküldte őket Izsák mellől, messze keletre.

7-8 Ábrahám igen hosszú életű volt: 175 évet élt. Amikor kilehelte lelkét, megelégedettségben és az élettel betelve, idős korában csatlakozott őseihez. 9-10 Fiai, Izsák és Izmáel temették el Makpéla barlangjában, amely Mamrétól keletre fekszik. Ez a terület, a barlanggal együtt, korábban a hettita Cóár fiának, Efrónnak a tulajdonában volt, azonban Ábrahám megvásárolta a hettitáktól, majd Sárát, a feleségét oda temette.

11 Miután Ábrahám meghalt, a fiát, Izsákot megáldotta Isten. Izsák ebben az időben a Lahaj-Rói forrás mellett táborozott.

Zsidók 6:13–20

13 Isten esküvel megerősített ígéretet tett Ábrahámnak, de mivel nagyobbra nem esküdhetett, ezért saját magára esküdött. 14 Azt mondta Ábrahámnak: „Esküszöm, hogy bőségesen megáldalak, és sok-sok utódot adok neked."[a] 15 Ábrahámnak sokáig és türelmesen kellett várnia, de végül megkapta, amit Isten ígért.

16 Az emberek között az a szokás, hogy olyan valakire esküsznek, aki nagyobb náluk. Így erősítik meg ígéretüket, és ezzel vetnek véget a vitának. 17 Hasonlóképpen, amikor Isten egészen világosan meg akarta mutatni, hogy ígéreteit biztosan teljesíteni fogja, ő is megesküdött azoknak, akiknek az ígéreteket tette. Tehát Isten egyrészt megígért valamit, másrészt azt az eskügével erősítette meg.

18 Ez a két dolog sohasem változik! Isten nem hazudhat, amikor ígér valamit, és nem hazudhat, amikor megesküszik. Ez erős biztatást jelent, és reménységet ad nekünk. Hiszen odamenekültünk Istenhez, és belekapaszkodtunk abba a reménységbe, amelyet ő adott nekünk. 19 Ez a reménység olyan a lelkünk számára, mint a csónak erős horgonya. Ez a „remény-horgony" a mennyei Templomban, a függöny mögött, a mennyei Szentek Szentjében[b] kapaszkodik meg, 20 ott, ahová Jézus bement. Értünk ment be oda, hogy utat készítsen a számunkra, hiszen mindörökké Jézus lett a Főpap, Melkisédek rendje szerint.

KEDD

OLVASD EL:
1 Mózes 25:1–11; Zsidók 6:13–20

IMÁK:
Zsidók 6:17–18

Igevers

MÁSOLD LE A
NAPI IGEVERSEKET
A BIBLIÁDBÓL.

Megfigyelés

JEGYEZZ FEL
EGY-KÉT MEGFIGYELÉST
AZ IGESZAKASZBÓL.

Átültetés

ÍRJ LE EGY-KÉT
GONDOLATOT, AMIT
AZ OLVASOTTAKBÓL
ÁTÜLTETHETSZ A
GYAKORLATBA.

Köszönet / Kérés

KÖSZÖND MEG
ISTENNEK, AMIT MA
TANULTÁL. / KÉRJ
ISTENTŐL A SZÍVED
MÉLYÉBŐL.

KEDD

Áhítat: 5. Hét

IMÁK

Zsidók 6:17–18

„Hasonlóképpen, amikor Isten egészen világosan meg akarta mutatni, hogy ígéreteit biztosan teljesíteni fogja, ő is megesküdött azoknak, akiknek az ígéreteket tette. Tehát Isten egyrészt megígért valamit, másrészt azt az esküjével erősítette meg. Ez a két dolog sohasem változik! Isten nem hazudhat, amikor ígér valamit, és nem hazudhat, amikor megesküszik."

ELMÉLKEDÉS

Isten biztosan betartotta Ábrahámnak tett ígéreteit, Ábrahám életét pedig elképesztő hit jellemzi. Noha nem volt tökéletes, Ábrahám újra és újra hitt Istennek, így hitének köszönhetően igaznak számított Isten előtt.

Az 1 Mózes 25. és a 26. részei nem időrendben írják le az eseményeket: Ábrahám halálának az elbeszélése az első, amely a róla, az ígéret birtokosáról szóló fejezet végét jelzi. Ábrahám 175 évig élt, vagyis még tizenöt évig Jákób és Ézsau születése után. Ábrahám látta beteljesülni Isten ígéreteit: Isten nemcsak a többi hét fián keresztül tette sok nemzet és törzs atyjává, hanem megismerhette Izsák utódait is.

Élete végén Ábrahám még mindig hitben járt. Bár ajándékokat adott hat kisebb fiának és Izmáelnek, Ábrahám mindenét Izsákra, az ígéret örökösére hagyta. Izsák volt az, akin keresztül Isten továbbra is megáldotta a föld népeit, és utódai örökölték a földet. Isten ígérete változatlan, bármi is történjen. Isten nemcsak Ábrahámnak, hanem Izsáknak és Jákóbnak is megmutatta tervének és céljának változatlan természetét. Ábrahám hite hatással volt a jövő nemzedékeire: arra bátorította őket, hogy higgyenek Isten ígéreteiben és szövetségében, és hogy folyamatosan engedelmességben járjanak.

Ábrahám biztosította Isten ígéreteinek teljesülését a soron következő nemzedékekben is. Bár elképzelhető, hogy Isten tervei és céljai nem a mi életünk során valósulnak meg, elengedhetetlen, hogy arra tanítsuk és neveljük a fiatalabbakat, hogy Istennel járjanak, ezzel biztosítva az Ő ígéreteinek és céljainak folyamatosságát. Isten célja megváltoztathatatlan, és bátorítást lelhetünk természetében, amely nem változik. Ábrahámhoz hasonlóan nekünk is felelősségünk, hogy ne csak mi kövessük Istent életünk során, hanem hogy felkészítsük a jövő nemzedékeit is az Istenbe vetett hitre és az Ő követésére.

IMA

Istenem, Te nem változol. Lehetetlen, hogy hazudj. Amikor ígéretet teszel, akkor kétségtelenül teljesíted azt. Hiszem, hogy ígéreteid változatlanok és megbízhatóak. Segíts tanítani és bátorítani az utánam következőket, hogy teljes szívvel kövessenek Téged! Ámen.

SZERDA

1 Mózes 25:12–18
12 Ez Izmáel családjának és utódainak története. Izmáel Ábrahám fia volt, akit Hágár — Sára egyiptomi szolgálója — szült. 13 Születésük sorrendjében ezek Izmáel fiai: elsőszülöttje Nebájót, azután Kédár, majd Adbeél, Mibszám, 14 Mismá, Dúmá, Masszá, 15 Hadad, Témá, Jetúr, Náfis és Kédmá. 16 Ezek Izmáel fiai, tizenketten, akik mind fejedelmek voltak. Leszármazottjaik az őseikről nevezték el falvaikat, táboraikat és törzseiket. 17 Izmáel 137 évet élt. Azután kilehelte lelkét, és csatlakozott őseihez. 18 Leszármazottai a Havilától Súrig terjedő területen táboroztak, vagyis Egyiptom keleti szélétől Asszíria felé eső területen. Az Izmáeltől származó törzsek gyakran harcoltak egymás ellen.

Józsué 21:45
45 Mindaz a jó, amit az Örökkévaló megígért Izráel népének, maradéktalanul beteljesedett. Semmi el nem maradt belőle.

SZERDA

OLVASD EL:
1 Mózes 25:12–18; Józsué 21:45

IMÁK:
Józsué 21:45

Igevers

MÁSOLD LE A
NAPI IGEVERSEKET
A BIBLIÁDBÓL.

Megfigyelés

JEGYEZZ FEL
EGY-KÉT MEGFIGYELÉST
AZ IGESZAKASZBÓL.

Átültetés

ÍRJ LE EGY-KÉT
GONDOLATOT, AMIT
AZ OLVASOTTAKBÓL
ÁTÜLTETHETSZ A
GYAKORLATBA.

Köszönet / Kérés

KÖSZÖND MEG
ISTENNEK, AMIT MA
TANULTÁL. / KÉRJ
ISTENTŐL A SZÍVED
MÉLYÉBŐL.

SZERDA

Áhítat: 5. Hét

IMÁK

Józsué 21:45

„Mindaz a jó, amit az Örökkévaló megígért Izráel népének, maradéktalanul beteljesedett. Semmi el nem maradt belőle."

ELMÉLKEDÉS

Isten sok ígéretet tett Ábrahámnak. Megígérte, hogy Ábrahámból nagy nemzet lesz. Megígérte, hogy Ábrahámtól sok nemzet fog származni. Megígérte, hogy Ábrahám utódainak saját földet ad. Megígérte, hogy Ábrahám révén megáldja a világ összes népét. És megígérte, hogy megáldja Ábrahám elsőszülöttjét, Izmáelt, annak ellenére, hogy nem Izmáel volt a megígért örökös.

Az 1 Mózes 12–50. elbeszélése Ábrahám, Izsák és Jákób családjának történetét követi. Bár Izmáel családjának bemutatása nem ugyanolyan terjedelmes, mint Izsák családjának leírása, jelzi az olvasóknak, hogyan teljesítette Isten Ábrahámnak tett ígéretét. Izmáel nem az ígéret gyermeke volt, de Isten ígéreteket tett neki és apjának, melyeket meg is tartott. Az 1 Mózes szerzője azért írta le Izmáel családját is, hogy emlékeztesse olvasóit Isten jellemére, aki minden körülmények között betartja ígéretét. Ez a szakasz az Ábrahámra összpontosító elbeszélésről az Izsákra való áttérést is lezárja.

Több száz évvel később, miután az izraeliták kiszabadultak az egyiptomi rabszolgaságból és letelepedtek az Ígéret földjén kiderül, hogy Isten ismét beteljesítette minden ígéretét; minden szó valósággá vált. A mi Istenünk ma is ugyanaz. Ígéreteket tesz, és megtartja őket. A körülményeinktől, a kudarcainktól és a hibáinktól függetlenül bízhatunk az Ő jellemében, mert Ő megtartja az ígéreteit. Isten ígéretei közül egy sem marad beteljesületlenül.

Amikor azt hisszük, hogy Isten beteljesíti az ígéreteit, meg tudunk békélni az Ő időzítésével. Talán nem pontosan ugyanazt ígérte nekünk, amit Ábrahámnak, Izmáelnek, vagy Izráel nemzetének, mégis ígéreteket tett. Megígéri, hogy velünk lesz, és soha nem hagy el minket. Megígéri, hogy gondoskodik rólunk. Megígéri, hogy bölcsességet ad nekünk, amikor kérjük. És megígéri, hogy szabadítást és Vele való kapcsolatot biztosít mindazok számára, akik hisznek Jézus Krisztusban.

IMA

Istenem, egyedül te vagy az Ígéretek Megtartója. Minden ígéret a Te tökéletes időzítésed szerint teljesedik be. Ragaszkodom ígéreteidhez és az ígéretmegtartó jellemedhez. Győzd le hitetlenségemet, és segíts bízni a Te időzítésedben! Ámen.

CSÜTÖRTÖK

1 Mózes 25:19–26

19 Ez Ábrahám fia, Izsák családjának és utódainak története.

20 Izsák negyven éves korában vette feleségül Rebekát, az arám Betúél leányát, Lábán húgát Mezopotámiából.

21 Rebeka meddő volt, ezért Izsák könyörgött az Örökkévalónak a feleségéért. Az Örökkévaló meghallgatta, és megadta, hogy Rebeka gyermeket foganjon. 22 Rebeka észrevette, hogy ikrekkel terhes, mert a magzatok lökdösték egymást a méhében. Azon töprengett, hogy miért történik ez vele, majd megkérdezte az Örökkévalót, 23 aki ezt felelte:

„Ikreket hordasz méhedben,
  akiktől két nemzet származik.
Méhedből két versengő nép válik szét:
  az egyik erősebb lesz,
  és az idősebb szolgálja a fiatalabbat."

24 Amikor eljött az ideje, Rebeka valóban ikreket szült. 25 Elsőszülött fia vöröses színű és egészen szőrös volt, mint egy durva pokróc, amikor világra jött — ezért kapta az Ézsau[a] nevet. 26 Nyomban utána megszületett a második fiú is, aki kezével a testvére sarkába kapaszkodva jött a világra. Ezért a Jákób[b] nevet kapta. Izsák 60 éves volt, amikor a fiai születtek.

Zsoltárok 113

113: 1 Dicsérjétek az Örökkévalót! Hallelújah!
Dicsérjétek, akik szolgáljátok őt!
  Dicsérjétek nevét!
2 Áldott legyen az Örökkévaló neve
  most és mindörökké!
3 Dicsérjétek az Örökkévaló nevét minden helyen,
  napkelettől a napnyugta földjéig,
4 mert az Örökkévaló uralkodik,
  magasan a népek fölött,
  dicsősége feljebb ér a Mennynél!
5 Kicsoda hasonlítható Istenünkhöz,
  az Örökkévalóhoz,
  aki messze fenn lakik a magasban,
6 magát megalázva mégis lehajol,
  hogy átvizsgálja a Mennyet és a Földet?
7 Fölemeli a szegényt a porból,
  a nincstelen koldust a szemétdombról,
8 hogy a fejedelmek közé ültesse őket.
  Bizony, beülteti népének előkelői közé!
9 Családba helyezi még a meddő asszonyt is,
  hogy boldog legyen, mint sok gyermek anyja!
Dicsérjétek az Örökkévalót! Hallelújah!

CSÜTÖRTÖK

OLVASD EL:
1 Mózes 25:19–26; Zsoltárok 113

IMÁK:
1 Mózes 25:21

Igevers

MÁSOLD LE A
NAPI IGEVERSEKET
A BIBLIÁDBÓL.

Megfigyelés

JEGYEZZ FEL
EGY-KÉT MEGFIGYELÉST
AZ IGESZAKASZBÓL.

Átültetés

ÍRJ LE EGY-KÉT
GONDOLATOT, AMIT
AZ OLVASOTTAKBÓL
ÁTÜLTETHETSZ A
GYAKORLATBA.

Köszönet / Kérés

KÖSZÖND MEG
ISTENNEK, AMIT MA
TANULTÁL. / KÉRJ
ISTENTŐL A SZÍVED
MÉLYÉBŐL.

CSÜTÖRTÖK

Áhítat: 5. Hét

IMÁK

1 Mózes 25:21

„Rebeka meddő volt, ezért Izsák könyörgött az Örökkévalónak a feleségéért. Az Örökkévaló meghallgatta, és megadta, hogy Rebeka gyermeket foganjon."

ELMÉLKEDÉS

Izsáknak, az ígéret örökösének története nagyjából ugyanúgy kezdődik, mint Ábrahámé. Sárához hasonlóan Izsák felesége is meddő volt: húsz éven át arra várt, hogy megszülje azt a gyermeket Izsáknak, aki majd hordozza Isten ígéretének áldását. Az ígéret beteljesedéséhez továbbra is szükségük volt Isten beavatkozására.

Bár a helyzet ismerős volt, Izsák válasza különbözött a szüleiétől. Ahelyett, hogy saját beavatkozásával próbálta volna teljesíteni az ígéretet, Izsák az Urat kereste. Imádkozott Rebekáért, és Isten meghallgatta az imáját. Izsák ígéretbe vetett hite isteni választ eredményezett. Bár nem tudjuk pontosan, mennyi ideig imádkozott Izsák a feleségéért (akár húsz évig is), tudjuk, hogy Isten válaszolt.

Amikor Rebeka terhes lett, nagy szenvedést és fájdalmat élt át a két gyermeke közötti küzdelem miatt. Az itt használt héber szó egy erőszakos és nem mindennapi összetűzést ír le, nem pedig az ikrek szokását mozgását a méhen belül. Izsákhoz hasonlóan Rebeka is az Urat kereste. Hozzá fordult, Ő pedig válaszolt neki.

Isten természetfölötti gondoskodása túlcsordul ebben a történetben. Isten meggyógyította a meddő méhet és enyhítette Rebeka fájdalmát. Izsák és Rebeka imádságban keresték az Urat, ahelyett, hogy a saját eszközeikre bízták volna a probléma megoldását. Hitük Ahhoz irányította őket, aki ki tudta elégíteni szükségleteiket és teljesítette ígéreteit.

Míg az ősatyákról szóló elbeszélések összes szereplője egyszer-egyszer saját eszközökhöz folyamodik egy-egy konfliktus megoldása során, a történet középpontjában nem a kudarcuk, hanem a hitük áll. Izsák és Rebeka a szenvedés közepette az Úrhoz fordultak. Hitték, hogy egyedül Ő válaszolhat imáikra. Isten ismét a hős, mert szent beavatkozása nélkül az ígéret nem vált volna valóra. Isten azért lépett közbe, hogy Izsákon és Rebekán keresztül valósítsa meg a világnak szánt tervét. Amikor kitartunk hitben és hiszünk abban, hogy Ő munkálkodik (akár húsz évnyi meddőség során is), reményt és békét találhatunk.

IMA

Uram, hiszem, hogy válaszolsz az imáimra, még ha nem is tudom, meddig tart, amíg megteszed. Várakozásomban segíts elhinni, hogy Te munkálkodsz. Bízom benned akkor is, ha nem látlak munkálkodni. Adj olyan hitet, mint amilyen Izsáknak és Rebekának volt, hogy fájdalmam közepette is Hozzád forduljak. Ámen.

PÉNTEK

1 Mózes 25:27–34

27 Amikor a fiúk felnőttek, Ézsau ügyes vadász lett, aki szívesen járt erdőn-mezőn. Jákób azonban szelíd természetű volt, aki inkább a táborban maradt. 28 Izsák szerette Ézsaut, mert nagyon kedvelte a vadhúsból készült ételeket, Rebeka viszont Jákóbot szerette jobban.

29 Történt egyszer, hogy Ézsau éppen vadászatról tért haza fáradtan és éhesen, amikor meglátta, hogy Jákób lencsét főz. 30 Meg is kérte Jákóbot: „Hadd egyek ebből a vörös színű ételből, mert majd meghalok éhen!" Emiatt nevezték később „Edomnak[a]" Ézsaut és népét.

31 Jákób ezt felelte: „Nem bánom, ehetsz belőle, ha most azonnal eladod nekem az elsőszülöttségi jogodat."

32 Ézsau így válaszolt: „Látod, hogy halálosan éhes vagyok! Különben is, mire jó nekem az elsőszülöttség?"

33 De Jákób ezt mondta: „Előbb esküdj meg nekem!" Ézsau azon nyomban megesküdött rá, hogy elsőszülöttségi jogát átadja Jákóbnak. 34 Akkor Jákób adott kenyeret és lencsefőzeléket Ézsaunak, aki evett-ivott, azután elment. Így mutatta meg Ézsau, hogy milyen kevésre becsülte elsőszülöttségi jogát.

1 János 2:15–17

15 Ne szeressétek ezt a világot, se a világ dolgait! Aki ezt a világot szereti, az nem szereti az Atya-Istent.

16 Ezek azok a dolgok, amelyek a világban vannak: a régi emberi természet vágyai, a szem kívánságai és az élet kérkedése. Mindezek nem az Atya-Istentől, hanem a világból származnak. 17 Ez a mostani világ azonban elmúlik, és vele együtt az is, amit a hitetlenek kívánnak. Aki ellenben Isten akaratát viszi véghez, az örökké él.

PÉNTEK

OLVASD EL:
1 Mózes 25:27–34; 1 János 2:15–17

IMÁK:
1 János 2:15–17

Igevers

MÁSOLD LE A
NAPI IGEVERSEKET
A BIBLIÁDBÓL.

Megfigyelés

JEGYEZZ FEL
EGY-KÉT MEGFIGYELÉST
AZ IGESZAKASZBÓL.

Átültetés

ÍRJ LE EGY-KÉT
GONDOLATOT, AMIT
AZ OLVASOTTAKBÓL
ÁTÜLTETHETSZ A
GYAKORLATBA.

Köszönet / Kérés

KÖSZÖND MEG
ISTENNEK, AMIT MA
TANULTÁL. / KÉRJ
ISTENTŐL A SZÍVED
MÉLYÉBŐL.

PÉNTEK
Áhítat: 5. Hét

IMÁK

1 János 2:15–17

„Ne szeressétek ezt a világot, se a világ dolgait! Aki ezt a világot szereti, az nem szereti az Atya-Istent. Ezek azok a dolgok, amelyek a világban vannak: a régi emberi természet vágyai, a szem kívánságai és az élet kérkedése. Mindezek nem az Atya-Istentől, hanem a világból származnak. Ez a mostani világ azonban elmúlik, és vele együtt az is, amit a hitetlenek kívánnak. Aki ellenben Isten akaratát viszi véghez, az örökké él."

ELMÉLKEDÉS

A Jákób és Ézsau közötti elsőszülöttségi csere nem szolgál tartós megoldással a testvérek számára, és egyikük tettét sem követi mennyei beleegyezés. A történet azonban számos fontos cselekményszállal ismertet meg minket: a Jákób és Ézsau közötti különbséggel, a testvérek közötti nézeteltéréssel, és egy isteni ígéret beteljesedésének a kezdetével, miszerint az idősebb szolgálja a fiatalabbat.

Ézsaut profán embernek írja le a Biblia, aki megveti Isten dolgait és világias szabadságot keres. Jákób annyira kétségbeesetten vágyott Isten dolgaira, hogy bármilyen eszközhöz hajlandó volt folyamodni a megszerzésük érdekében. Ézsau vad volt, Jákób nyugodt. Ézsau erős volt, Jákób pedig ravasz. Ézsaut Izsák, Jákóbot pedig Rebeka szerette. Míg Jákób Isten áldásait igyekezett megszerezni, Ézsau a testi vágyai számára kereste a beteljesülést. Mindketten ügyes vadászok voltak, Ézsau az erdőben, Jákób ügyességgel.

Ebben a történetben sem Jákób, sem pedig Ézsau cselekedetei nem nevezhetőek példaértékűnek. Ézsau megengedte, hogy a teste, a vágya, hogy kielégítse fizikai éhségét, minden mást felülírjon, még Isten szent dolgainak a fontosságát is. Testi vágyainak kielégítéséért élt és ösztönösen cselekedett, ami miatt megvetette elsőszülötti jogát. Habár Jákób egyértelműen manipulálta és irányította testvérét, hogy megszerezze, amit akart, a szöveg nem tör pálcát sem Jákób, sem pedig Ézsau tettei felett. Isten ezt az eseményt arra használta, hogy megvalósítsa céljait, hogy Jákóbot fivére fölé emelje, amint azt korábban megígérte.

Krisztus követőiként arra van elhívásunk, hogy másként éljünk, mint a világ. Nem élhetünk úgy, mint Ézsau, igyekezve kielégíteni testi vágyainkat. Ehelyett Isten dolgait kell keresnünk. Azonban a bűnre az sem mentség, ha a spirituális áldások érdekében cselekszünk, ahogyan Jákób tette. Továbbra is úgy kell viselkednünk, hogy tiszteletet és dicsőséget szerezzünk Istennek a személyes ártól függetlenül. A világ elmúlik, de amikor Isten akaratát tesszük, örök életre lelünk.

IMA

Uram, már nem akarok a világ dolgaira vágyni. Mutasd meg nekem azokat a dolgokat az életemben, amelyek világiak. Segíts eltávolítani ezeket, hogy teljes mértékben tisztelhesselek Téged, és olyan életet élhessek, amely csak Téged szolgál. Ámen.

ELMÉLKEDŐ
KÉRDÉSEK

1. Volt, hogy Isten úgy beleavatkozott az életedbe vagy a terveidbe, mint Rebeka esetében? Miként reagáltál rá? Hogyan reagálnál, ha ma avatkozna bele a terveidbe?

2. Hogyan segíted a következő generáció hittel való felfegyverkezését? Mit tehetsz azért, hogy a hit és az engedelmesség örökségét hagyd az utánad jövőkre?

3. Hogyan tudod összeegyeztetni Isten ígéretmegtartó jellemét azzal, ha úgy tűnik, nem teljesíti a neked tett ígéreteit? Hogyan győződhetsz meg arról, hogy Isten megtartja az ígéreteit és hűséges marad hozzád az életedben?

4. Mit teszel, ha úgy tűnik, hogy Isten nem válaszol az imáidra? Hogyan keresheted továbbra is Őt és bízhatsz benne ma, akkor is, ha nem látod, hogy munkálkodik?

5. Szereted a világ dolgait? Hogyan távolíthatod el a világ szeretetét és a vágyat arra, hogy teljesítsd a test kívánságait?

JEGYZETEK

JEGYZETEK

6. HÉT

Áldjon meg téged a Mindenható:
szaporítsa és sokasítsa meg utódaidat,
hogy népek sokaságának atyjává
tegyen téged, adja neked és utódaidnak
Ábrahám áldását, hogy örököld a
földet, amelyet Isten Ábrahámnak
adott, s amelyen jövevény voltál!"

1 MÓZES 28:3-4

IMA

JEGYEZD FEL IMAKÉRÉSEID ÉS
HÁLAOKAID MINDEN NAP!

Heti imatéma:
Imádkozz magadért!

HÉTFŐ

KEDD

SZERDA

CSÜTÖRTÖK

PÉNTEK

KIHÍVÁS

Írj listát arról, hogyan áldott meg téged Isten! Figyelj arra, hogy ne csak az anyagi, a testi és
a kapcsolati áldásokat jegyezd fel, hanem a lelki áldásokat is! Az Ő múltbeli hűsége mintája
és ígérete a jövőbeli hűségének. Vedd számba ma az Ő hűségességét, és amikor nehezen
tudsz bízni benne, nézd vissza ezt a listát!

HÉTFŐ

6. Hét Igerészek

1 Mózes 26:1–11

26:1 Egyszer éhínség támadt azon a vidéken, ahol Izsák táborozott — ahhoz hasonlóan, ahogy Ábrahám idejében történt. Emiatt Izsák egy időre Gerár városába költözött, ahol Abímelek, a filiszteusok királya uralkodott.

2 Az Örökkévaló megjelent Izsáknak, és ezt mondta neki: „Ne menj Egyiptomba, hanem táborozz ezen a földön, ott, ahol majd mutatom neked! 3 Jövevényként lakj ezen a földön, én veled leszek, és megáldalak! Neked és leszármazottjaidnak adom mindezeket a földeket. Beteljesítem minden ígéretemet, amelyet esküvel erősítettem meg apádnak, Ábrahámnak. 4 Megsokasítom leszármazottjaidat, mint az ég csillagait, és nekik adom ezeket a földeket. Leszármazottjaid által fogom megáldani a föld összes nemzetét. 5 Igen, megáldalak téged, mert Ábrahám engedelmeskedett szavamnak, és megtette, amit parancsoltam neki, hűségesen követte utasításaimat, határozataimat és tanításomat."

6 Izsák tehát letelepedett Gerárban. 7 Gerár lakosai érdeklődtek Rebeka iránt, de Izsák mindenkinek azt mondta róla, hogy a húga. Nem merte bevallani, hogy a felesége, mert félt, hogy akkor őt megölik, Rebekát meg elrabolják. Rebeka ugyanis vonzó megjelenésű asszony volt.

8 Izsák már jó ideje Gerárban lakott, amikor egyszer Abímelek, a filiszteusok királya kinézett palotája ablakán, és meglátta Izsákot, amint éppen megölelte Rebekát, a feleségét. 9 Akkor Abímelek hívatta Izsákot, és kérdőre vonta: „Szóval Rebeka a feleséged, igaz? Akkor miért mondtad, hogy a testvéred?!"

„Mert féltem, hogy esetleg megölnek miatta" — mondta Izsák.

10 „Hogy tehettél ilyet velünk? Előfordulhatott volna, hogy valaki a feleségeddel hál, és így büntetést hoztál volna ránk!" — mondta a király.

11 Ezután Abímelek kihirdette egész népének, hogy senki egy ujjal se merészeljen Izsákhoz vagy Rebekához nyúlni, különben halállal lakol.

HÉTFŐ

OLVASD EL:
1 Mózes 26:1–11

IMÁK:
1 Mózes 26:3–4

Igevers

MÁSOLD LE A
NAPI IGEVERSEKET
A BIBLIÁDBÓL.

Megfigyelés

JEGYEZZ FEL
EGY-KÉT MEGFIGYELÉST
AZ IGESZAKASZBÓL.

Átültetés

ÍRJ LE EGY-KÉT
GONDOLATOT, AMIT
AZ OLVASOTTAKBÓL
ÁTÜLTETHETSZ A
GYAKORLATBA.

Köszönet / Kérés

KÖSZÖND MEG
ISTENNEK, AMIT MA
TANULTÁL. / KÉRJ
ISTENTŐL A SZÍVED
MÉLYÉBŐL.

HÉTFŐ

Áhítat: 6. Hét

IMÁK

1 Mózes 26:3–4

„*Jövevényként lakj ezen a földön, én veled leszek, és megáldalak! Neked és leszármazottjaidnak adom mindezeket a földeket. Beteljesítem minden ígéretemet, amelyet esküvel erősítettem meg apádnak, Ábrahámnak. Megsokasítom leszármazottjaidat, mint az ég csillagait, és nekik adom ezeket a földeket. Leszármazottjaid által fogom megáldani a föld összes nemzetét.*"

ELMÉLKEDÉS

Ha olyan érzésed van, mintha már olvastad volna ezt a történetet, akkor ne csodálkozz. Az 1 Mózes 26:1–11 nagyon hasonlít az 1 Mózes 12:10–20-ban és a 20:1–18-ban található történetekhez. Ezekben a hasonló beszámolókban az ígéret birtokosa olyan nehézségekkel találja szemben magát, amelyek próbára teszik a hitét és fenyegetik az ígéret megvalósulását.

Az első történet szerint újabb éhínség támadt az országban. Egyiptomba menet Izsák betért Abímelekhez Gerárba. Ábrahámmal ellentétben Izsák nem ment el egészen Egyiptomig, ehelyett azon a vidéken maradt, mert Isten arra utasította, hogy maradjon ott. Izsák hittel cselekedett, és letáborozott. Izsák hitét látva Isten megerősítette az ígéretét. Mindazt, amit Ábrahámnak ígért, Isten megígérte Izsáknak is. Izsáknak sok leszármazottja lesz, akik azon a földön fognak lakni, és az ő utódain keresztül a föld összes nemzetére kiárad majd az áldás. Ábrahám hitéért Isten beteljesíti, amit ígért. Ábrahám hite példa volt Izsák és a gyermekei számára, és nekünk is példát mutat. Isten megdicsérte Ábrahámot a hitéért, és ígéretet tett, hogy Izsákon keresztül továbbra is megáldja a leszármazottjait.

A második ismerős forgatókönyv szerint Izsák azt hazudta Abímeleknek, hogy Rebeka a húga, nem pedig a felesége. Ahelyett, hogy az előbbieket folytatva hitbeli lépést tett volna, Izsák félelemből cselekedett. Habár Isten éppen akkor erősítette meg az ígéretet, hogy Izsákból áldás származik, ő mégis félt, ezért hazudott Abímeleknek Rebekáról. Azonban annak ellenére, hogy éppúgy kudarcot vallott, mint az apja, Isten megtartotta Izsákot, a családját és az ígéretet. A történet hőse ismét Isten.

Isten újfent közbelépett. Ígéretéhez hűen úgy intézte, hogy Abímelek meglássa együtt Izsákot és Rebekát. Izsák ugyan erős hittel nézett szembe az éhínség veszélyével, viszont a hazugságai által megcsúfolta a saját hitét és az apjáét is. Bárcsak hitből cselekednénk, nem pedig félelemből, amikor döntenünk kell, bízunk-e abban, hogy Isten gondot visel, megőriz, utat készít vagy közbelép! A félelem megcsúfolja Isten korlátlan uralmát, a hit azonban erőteljesen megvallja annak az Istennek a hatalmát, akit szolgálunk.

IMA

Uram, köszönöm neked Ábrahám hitének példáját. Köszönöm, hogy nem csupán az erős hitről mutatsz példákat, hanem olyan emberekről is, akik félelemből cselekedtek. Megmutattad könyörületed és kedvességed, amikor Izsák kudarcot vallott, és tudom, hogy rajtam is könyörülsz majd, amikor engedek a félelemnek. Segíts, hogy ma higgyek Benned. Ámen.

KEDD

6. Hét Igerészek

1 Mózes 26:12–33

12 Abban az időben Izsák földművelésbe kezdett azon a vidéken, és amikor vetett, az Örökkévaló megáldotta. Abban az évben százszor annyit aratott le, mint amennyit vetett. 13-14 Így gyarapodott a vagyona, szaporodtak a nyájai és csordái, egyre több rabszolgát szerzett, míg végül nagyon gazdag és hatalmas lett. Ezért a filiszteusok féltékenyek lettek rá, 15 és irigységből betemették Izsák kútjait a legelőn. Ezeket még Izsák apja, Ábrahám életében, annak rabszolgái ásták. 16 Végül Abímelek azt mondta Izsáknak: „Te már erősebb és hatalmasabb lettél nálunk! Költözz máshová, és menj el országomból!"

17 Így hát Izsák fölkerekedett, és tovább vándorolt a filiszteusok földjéről. A Gerár-völgyben[a] táborozott le. 18 Korábban ezen a vidéken táborozott Ábrahám is, akinek rabszolgái több kutat ástak azon a vidéken. Ezeket később a filiszteusok betemették, Izsák azonban újra megtisztította, sőt, ugyanúgy nevezte el azokat, ahogy Ábrahám. 19 Izsák rabszolgái is ástak új kutat a völgyben, és bőséges vízforrásra találtak. 20 De a helybeli gerári pásztorok vitatkoztak Izsák pásztoraival, és maguknak követelték az új kutat. Emiatt Izsák elnevezte azt a kutat „Versengés"-nek.

21 Azután Izsák rabszolgái újabb kutat ástak. De a gerári pásztorok azt is elvitatták, és maguknak követelték. Emiatt Izsák elnevezte azt a kutat „Viszály"-nak.

22 Izsák ezután elköltözött arról a helyről. Majd letáborozott, kutat ásatott, és ezt a kutat már senki sem vitatta el tőle. Elnevezte hát az új kutat „Tágas tér"-nek, és azt mondta: „Most már az Örökkévaló tágas térre helyezett bennünket, sokasodhatunk és terjeszkedhetünk!"

23 Onnan is továbbment, és Beérseba vidékére érkezett.

24 Aznap éjjel az Örökkévaló megjelent Izsáknak, és azt mondta:

„Én vagyok apádnak, Ábrahámnak Istene.
    Ne félj, mert veled vagyok!
Ábrahámért, szolgámért megáldalak téged,
    és megsokasítom leszármazottjaidat!"

25 Akkor Izsák oltárt épített ott az Örökkévalónak, és imádta őt. Majd tábort vert, és rabszolgái új kutat ástak ott.

26 Ezután Abímelek, Gerár királya meglátogatta Izsákot. Vele jött Ahuzzat, a tanácsadója és Píkól, a hadvezére is. 27 Izsák megkérdezte: „Milyen szándékkal jöttetek hozzám? Hiszen nagyon barátságtalanul bántatok velem, sőt elküldtetek országotokból!"

28 „Jól látjuk, hogy az Örökkévaló veled van! Ezért szeretnénk szövetséget kötni veled, és esküvel is megerősíteni, 29 hogy nem fogsz ártani nekünk, ahogy mi sem bántottunk téged, csak jót tettünk neked, és békével bocsátottunk el! Hiszen te már az Örökkévaló áldott embere vagy!" — felelték azok.

30 Izsák elfogadta az ajánlatot, megvendégelte a királyt és embereit. Együtt ettek-ittak, 31 majd másnap korán reggel Izsák és Abímelek szövetséget kötöttek, és esküvel erősítették meg. Ezután Izsák elbocsátotta vendégeit, s azok békével elmentek.

32 Még ezen a napon hírt hoztak Izsáknak a rabszolgái: „Vízforrásra találtunk, amikor az új kutat ástuk!" 33 Ezért Izsák „Eskü"-nek nevezte[b] el azt a kutat — ezért nevezik azt a várost ma is Beérsebának.

JEGYZETEK

KEDD

OLVASD EL:
1 Mózes 26:12–33

IMÁK:
1 Mózes 26:24

Igevers

MÁSOLD LE A
NAPI IGEVERSEKET
A BIBLIÁDBÓL.

Megfigyelés

JEGYEZZ FEL
EGY-KÉT MEGFIGYELÉST
AZ IGESZAKASZBÓL.

Átültetés

ÍRJ LE EGY-KÉT
GONDOLATOT, AMIT
AZ OLVASOTTAKBÓL
ÁTÜLTETHETSZ A
GYAKORLATBA.

Köszönet / Kérés

KÖSZÖND MEG
ISTENNEK, AMIT MA
TANULTÁL. / KÉRJ
ISTENTŐL A SZÍVED
MÉLYÉBŐL.

KEDD

Áhítat: 6. Hét

IMÁK

1 Mózes 26:24

„Aznap éjjel az Örökkévaló megjelent Izsáknak, és azt mondta: 'Én vagyok apádnak, Ábrahámnak Istene. Ne félj, mert veled vagyok! Ábrahámért, szolgámért megáldalak téged, és megsokasítom leszármazottjaidat!'"

ELMÉLKEDÉS

Az Úr bizonyosan Izsákkal volt. Amiképpen nem hagyta el Ábrahámot és megáldotta őt, úgy Izsákkal is vele maradt, és megáldotta őt is. Mózes első könyvének írója egyértelművé teszi az olvasó számára, hogy Isten sokkal bőségesebben megáldotta Izsákot, mint amire a maga erejéből jutott volna. A környezetében élők tudták, hogy Isten Izsákkal van. Vagyonának növekedésével együtt jelentősen megnőtt Izsák hírneve is, és olyan nagy volt a tekintélye, hogy a filiszteusok féltékenyek lettek.

Amikor Izsáknak új kutakat kellett találnia a sivatagban, hogy megszűnjenek a viták a filiszteusokkal, Isten mindig gondoskodott róla. Izsák szolgálói újra és újra vízre bukkantak, de nem azért, mert tudták, merre keressék, hanem azért, mert velük volt Isten. Az Ő beavatkozása összhangban volt a szövetséggel, amely szerint Isten áldása nem szűnik meg, és Izsákot nagy néppé teszi. Izsák kitartó hitét látva az ellenségei felismerték, hogy a kiemelkedő sikerek mögött Isten áll.

Mind a filiszteusoknak, mind a többi környező népnek el kellett ismernie, hogy Izsák sikerei és áldásai az Úrtól származnak. Izsák a hite révén tudott békében élni a körülötte élő népekkel. Meg volt győződve arról, hogy Isten gondot visel róla, ezért amikor vita támadt, ő továbbállt. Tudta, hogy Isten azt akarja, éljen békében a szomszédaival, és bízott Benne, hogy ezért az Úr meg is fogja mutatni, miképpen tudja ezt megtenni. Habár a szomszédai megpróbálták megakadályozni a sikereit, az ő bizalma töretlen volt Isten gondviselésében, és így békésen élt közöttük.

Ha békében élünk a szomszédainkkal, a barátainkkal és a családunkkal, azáltal Isten hűségét fejezzük ki. A békesség nem a konfliktusok hiányát jelenti, hanem azt, hogy amikor ellentét üti fel a fejét, bízunk Istenben, hogy betölti a szükségeinket, éppúgy, ahogy a felebarátainkét is. Amikor nagylelkűen megbocsátunk, bízva abban, hogy Isten védelme alatt állunk, akkor az Ő jóságáról és szeretetéről teszünk tanúságot a világ előtt.

IMA

Istenem, te vagy a békesség forrása. Nincs mitől félnem, mert tudom, hogy Te vagy az én védelmezőm, és békességet adsz nekem. Segíts, hogy békében élhessek a körülöttem élőkkel, és bizonyságot tehessek a Te jóságodról és szeretetedről. Ámen.

SZERDA

1 Mózes 26:34–27:29

34 Ézsau, Izsák fia, 40 éves korában feleségül vette Juditot, a hettita Beéri leányát és Boszmatot, a hettita Élón leányát. 35 Ez a két asszony sok keserűséget okozott Izsáknak és Rebekának.

27:1 Sok év múltán Izsák megöregedett, és a látása annyira megromlott, hogy már alig látott. Ekkor magához hívatta Ézsaut, elsőszülött fiát, és ezt mondta: „Fiam, Ézsau!"

„Itt vagyok, apám!" — felelt Ézsau.

2 „Figyelj rám, fiam! Megöregedtem, nem tudom, meddig élek még. 3 Fogd hát a fegyvereidet: íjadat és nyilaidat, s indulj vadászni! Lőj nekem valami vadat, 4 készíts belőle kedvemre való ízletes vadpecsenyét, s hozd be, hadd egyem belőle! Azután megáldalak, mielőtt meghalnék" — mondta Izsák. 5 Így hát Ézsau elindult vadászni.

Rebeka azonban kihallgatta, amit Izsák Ézsaunak mondott, 6 és azonnal szólt Jákóbnak: „Figyelj ide! Hallottam, hogy atyád ezt mondta a bátyádnak, Ézsaunak: 7 »Vadássz nekem valami vadat, készíts belőle kedvemre való ízletes vadpecsenyét, hogy egyem belőle, és megáldjalak az Örökkévaló színe előtt, mielőtt meghalok!« 8 Most azért hallgass rám, és tedd, amit mondok! 9 Siess a nyájhoz, gyorsan hozz két szép kecskegidát! Majd én hamar elkészítem atyád ízlése szerint a vadpecsenyét. 10 Te meg vidd be atyádnak, hogy megegye, és téged áldjon meg, mielőtt meghal."

11 De Jákób ezt felelte: „De anyám, tudod, hogy a bátyám, Ézsau bőre nagyon szőrös, én meg sima bőrű vagyok! 12 Félek, hogy atyám megtapogat, és felismeri, hogy én vagyok az, s akkor csalónak fog tekinteni, és áldás helyett átkot hozok magamra!"

13 „Ha így lenne, magamra vállalom helyetted az átkot, ne félj — válaszolta Rebeka —, csak fogadj szót nekem, és hozd gyorsan a gidákat!"

14 Jákób el is futott a nyájhoz, hozott két kecskegidát anyjának, aki sietve elkészítette a jóízű ételt, úgy, ahogy azt Izsák szerette. 15 Mivel az idősebb fia, Ézsau a legszebb ruháit az anyjánál hagyta, Rebeka azokba öltöztette Jákóbot, a kisebbik fiát. 16 A kecskegidák bőrével pedig befedte Jákób kezeit és nyakának sima részét, 17 majd az elkészített finom vadpecsenyét és kenyeret fiának, Jákóbnak kezébe adta.

18 Jákób bement apjához és köszöntötte: „Atyám!"

„Hallom, fiam! — mondta Izsák — de te melyik vagy?"

19 „Én vagyok Ézsau, az elsőszülötted. Teljesítettem a kívánságodat, ülj fel hát, kérlek, és egyél a vadpecsenyéből, amelyet neked készítettem! Azután áldj meg, kérlek!" — felelte Jákób az apjának.

20 Izsák ezt kérdezte: „Fiam, hogy tudtál ilyen hamar zsákmányt ejteni?"

„Istened, az Örökkévaló hozta elém a vadat" — mondta Jákób.

21 Izsák ezt mondta: „Gyere csak közelebb, fiam, hadd tapogassalak meg! Csakugyan te vagy az, fiam, Ézsau?"

22 Ekkor Jákób közelebb lépett apjához, Izsák pedig megtapogatta, és ezt mondta: „A hangod Jákóbé, de a karjaid Ézsau karjai." 23 Nem ismerte fel Jákóbot, mert annak karjait a kecske szőre borította, és tapintásra olyannak tűnt, mint Ézsau karja. Így Izsák Jákóbot áldotta meg. 24 Azután még egyszer megkérdezte: „Fiam, Ézsau, valóban te vagy az?" Jákób pedig megerősítette: „Igen, atyám, én vagyok!"

25 „Hozd hát ide az ételt, hadd egyek a fiam vadpecsenyéjéből, és utána megáldalak!" Jákób eléje tette az ételt, Izsák pedig megette. Majd Jákób borral kínálta apját, és ő megitta. 26 Akkor Izsák ezt mondta: „Gyere ide, fiam, csókold meg az arcom!" 27 Amikor Jákób megcsókolta apja arcát, Izsák megérezte Ézsau ruháinak jó illatát, és megáldotta a fiát:

„Ez a fiam ruhájának illata!
    Mint a jó illatú mező,
    amelyet az Örökkévaló megáldott!
28 Adjon az Isten neked, fiam,
    égi harmatot,
termékeny földet,
    bőséges termést,
    búzát és bort!
29 Népek szolgáljanak neked,
    nemzetek hajoljanak meg előtted,
légy ura rokonaidnak,
    hajoljanak meg előtted testvéreid!
Átkozott, aki téged átkoz,
    de legyen áldott, aki téged áld!"

Róma 9:6–18
6 Szomorú vagyok Izráel népe miatt, de nem azért, mintha Isten nem teljesítette volna a nekik adott ígéreteit. Hiszen nem mindenki számít Izráel népéhez tartozónak, aki származása szerint Izráel, vagyis Jákób utódja. 7 Ugyanígy, nem számítanak mindannyian Ábrahám igazi gyermekeinek, akik testileg tőle származtak. Hanem ahogyan Isten megígérte Ábrahámnak: „Utódaid Izsáktól származnak majd."[a] 8 Tehát Ábrahámnak nem az összes utódja számít Isten gyermekének, hanem csak azok, akik Isten ígérete szerint születtek. 9 Mert így hangzott az ígéret: „A megfelelő időben visszajövök, és akkor Sárának fia születik."[b]

10 Így volt ez Rebeka esetében is, akinek két fia volt. Mindkettőnek ősapánk, Izsák volt az apja. 11-12 Mielőtt azonban ez a két fiú megszületett volna, Isten azt mondta Rebekának: „Az idősebb fiú szolgálni fog a fiatalabbnak."[c] Ez a születésük előtt történt, ezért akkor még a két fiú semmi jót vagy rosszat sem tehetett. Azért történt így, hogy Isten megmutassa: választása nem attól

függ, hogy az emberek mit tesznek, hanem egyedül tőle magától. 13 Ezért mondja az Írás: „Jákóbot szerettem, Ézsaut ellenben gyűlöltem."[d]

14 Hogyan értsük ezt? Vajon igazságtalanság ez Isten részéről? Nem, dehogyis! 15 Hiszen Isten már Mózesnek is megmondta: „Annak adok kegyelmet, akinek akarok, és azon könyörülök, akin könyörülni akarok"[e] 16 Tehát Isten dönti el, hogy kin könyörül, és kinek ad kegyelmet! Ez a döntés pedig nem függ attól, hogy az emberek mit akarnak, vagy milyen erőfeszítéssel küzdenek, csakis Isten könyörületétől függ! 17 Az Írás szerint ugyanis ezt mondta Isten a fáraónak: „Azért tettelek királlyá, hogy hatalmamat megmutassam rajtad, és mindenki megismerje nevemet az egész Földön."[f] 18 Isten tehát könyörül, akin akar, viszont megátalkodottá és keményszívűvé teszi azt, akit akar.

SZERDA

OLVASD EL:
1 Mózes 26:34–27:29; Róma 9:6–18

IMÁK:
Róma 9:14–15

Igevers

MÁSOLD LE A
NAPI IGEVERSEKET
A BIBLIÁDBÓL.

Megfigyelés

JEGYEZZ FEL
EGY-KÉT MEGFIGYELÉST
AZ IGESZAKASZBÓL.

Átültetés

ÍRJ LE EGY-KÉT
GONDOLATOT, AMIT
AZ OLVASOTTAKBÓL
ÁTÜLTETHETSZ A
GYAKORLATBA.

Köszönet / Kérés

KÖSZÖND MEG
ISTENNEK, AMIT MA
TANULTÁL. / KÉRJ
ISTENTŐL A SZÍVED
MÉLYÉBŐL.

SZERDA

IMÁK

Róma 9:14–15

„Hogyan értsük ezt? Vajon igazságtalanság ez Isten részéről? Nem, dehogyis! Hiszen Isten már Mózesnek is megmondta: 'Annak adok kegyelmet, akinek akarok, és azon könyörülök, akin könyörülni akarok.'"

ELMÉLKEDÉS

Isten ígéretei vagy parancsai ellenére gyakran teremtünk olyan helyzeteket megtévesztéssel vagy manipulációval, amelyek károsítják a kapcsolatainkat. Az Izsák családjában történtek figyelmeztetnek: tekintet nélkül arra, hogy szerintünk mit érdemlünk meg, mindig jobb, ha Isten gondviselésében bízunk önmagunk helyett.

Az áldás elnyerésére való törekvés szétzilálta Izsák családját. Izsák tudta, hogy kisebbik fiának, Jákóbnak kell örökölnie az áldást. Amikor Rebeka várandós volt, Isten nem Ézsaut, hanem Jákóbot választotta ki arra, hogy az Ő Ábrahámnak tett ígéretét továbbvigye. Izsák azonban szerette Ézsaut, ezért figyelmen kívül hagyta Isten kijelentését, és úgy tervezte, hogy Ézsaut áldja meg. Ézsau egyetértett ezzel, és igyekezett elnyerni az áldást Izsáktól, habár eladta elsőszülötti jogát Jákóbnak. Eközben Rebeka és Jákób csalás révén próbálták megszerezni az áldást Jákób számára. Ahelyett, hogy szeretettel vagy hittel próbáltak volna szembenézni a zavaros helyzettel, Rebeka és Jákób megtévesztették Izsákot azért, hogy elnyerjék az áldást.

Isten egyértelműen úgy határozott, hogy Jákóbot áldja meg. A Róma 9. elmagyarázza, miért döntött úgy Isten szándékosan, hogy nem Ézsaut, Izsák elsőszülött fiát, hanem Jákóbot áldja meg. Azonban ahelyett, hogy hitt volna Isten ígéretében, miszerint ő fog uralkodni a bátyja felett, Jákób mégis inkább a saját megoldásában bízott. Becsapta az apját és a bátyját, és ezzel gyakorlatilag szétzúzta a családi kapcsolatokat.

Istennek valóban az volt a terve, hogy megáldja Jákóbot, és bár ebben a tervben nem szerepelt erkölcsi kudarc, Isten bukottan is megáldotta Jákóbot. Úgy döntött, hogy megkönyörül rajta és megszánja, ezért megengedte, hogy Jákób ilyen módon nyerje el az áldást. Isten az életünk minden vonatkozását kézben tartja, bűneink és kudarcaink közepette is. Ő akkor is képes véghez vinni a célját (és meg is teszi), ha a mi Belé vetett bizalmunk csődöt is mond, azonban ha a saját fejünk után megyünk, akkor annak szívfájdalom és kín lesz az eredménye. Amikor Isten megígér valamit, induljunk el hitben, bízva abban, hogy ha Isten megígér valamit, akkor Neki már készen áll a megvalósítási terve, függetlenül attól, hogy mit mutatnak a körülmények.

IMA

Mennyei Atya, növeld a hitemet és a türelmemet. Hiszem, hogy amikor ígéretet teszel, te már meg is valósítottad azt. Te nem vagy igazságtalan, és mindig találsz módot arra, hogy kinyilvánítsd könyörületességedet. Hiszem, hogy terved van a számomra, még akkor is, ha szenvedek. Ámen.

CSÜTÖRTÖK

6. Hét Igerészek

1 Mózes 27:30–46

30 Amikor Izsák befejezte Jákób megáldását, és Jákób kijött az apja sátrából, éppen akkor érkezett meg Ézsau a vadászatból. 31 Ő is ízletes vadpecsenyét készített, majd bevitte apjának. „Atyám, kérlek, ülj fel, és egyél a vadpecsenyéből, amelyet fiad neked készített, azután áldj meg!" — mondta Ézsau.

32 Izsák ezt kérdezte: „Ki vagy te?"

„A fiad vagyok, Ézsau! Elsőszülött fiad!" — felelte ő.

33 Ekkor Izsák nagyon megrémült, és reszketett. Azután fölkiáltott: „De hát akkor ki volt az, aki az előbb vadpecsenyét hozott nekem, amelyet meg is ettem?! Éppen most ment el, mielőtt te megérkeztél! Megáldottam őt, és valóban áldott is lesz."

34 Amikor ezt Ézsau meghallotta, hangosan felkiáltott, és keserves sírásra fakadt: „Jaj, atyám, áldj meg engem is!"

35 De Izsák ezt felelte: „Öcséd volt az, aki bejött hozzám, és csalással megszerezte a neked szánt áldásomat!"

36 „Nem hiába nevezik Jákóbnak[a]! Már kétszer is becsapott engem: előbb elvette tőlem elsőszülöttségi jogomat, most meg ellopta a nekem szánt atyai áldást is! De hát csak maradt még valamilyen áldásod a számomra is, atyám?" — kérdezte Ézsau.

37 Izsák így válaszolt: „Fiam, nézd, Jákóbot úrrá tettem fölötted, és minden rokonát a rabszolgájává tettem. Bőségesen megáldottam búzával és borral, mit adhatok most már neked?"

38 Ézsau azonban ezt mondta apjának: „Hát csak ez az egy áldásod volt, atyám? Áldj meg engem is, kérlek!" — és hangos sírásra fakadt.

39 Végül Izsák ezt mondta neki:
„Lakóhelyed terméketlen földön lesz,
   nem hull rád az égi harmat,
40 fegyvereddel szerzed kenyered,
   és öcsédet szolgálod,
de fellázadsz ellene,
   s igáját lerázod nyakadról."

41 Ettől kezdve Ézsau gyűlölte Jákóbot az áldás miatt, amellyel Izsák Jákóbot megáldotta. „Hamarosan eljön az ideje, hogy apámat eltemetjük, azután megölöm Jákóbot!" — mondta magában. 42 Azonban Rebeka tudomást szerzett idősebb fia, Ézsau tervéről, ezért hívatta Jákóbot, a kisebbik fiát, és ezt mondta neki: „Figyelj rám, fiam! A bátyád, Ézsau bosszút forral ellened, és meg akar ölni! 43 Tedd meg hát, amit mondok: Menekülj el Háránba, a bátyámhoz, Lábánhoz! 44 Maradj ott nála egy kis ideig, amíg a bátyád haragja lecsillapodik! 45 Azután, amikor Ézsau már nem haragszik, és elfelejti, amit tettél vele, majd érted küldök, és hazahozatlak. Miért veszítselek el egyszerre mindkettőtöket?"

46 Majd Rebeka bement Izsákhoz, és ezt mondta neki: „Elment a kedvem az élettől is Ézsau hettita feleségei miatt! Ha Jákób is erről a vidékről vesz feleségül egy ilyen hettita nőt, akkor minek éljek?"

Zsidók 11:20

20 Izsák is a hite által nézett a messzi jövőbe, amikor megáldotta a fiait, Jákóbot és Ézsaut.

CSÜTÖRTÖK

OLVASD EL:
1 Mózes 27:30–46; Zsidók 11:20

IMÁK:
Zsidók 11:20

Igevers

MÁSOLD LE A
NAPI IGEVERSEKET
A BIBLIÁDBÓL.

Megfigyelés

JEGYEZZ FEL
EGY-KÉT MEGFIGYELÉST
AZ IGESZAKASZBÓL.

Átültetés

ÍRJ LE EGY-KÉT
GONDOLATOT, AMIT
AZ OLVASOTTAKBÓL
ÁTÜLTETHETSZ A
GYAKORLATBA.

Köszönet / Kérés

KÖSZÖND MEG
ISTENNEK, AMIT MA
TANULTÁL. / KÉRJ
ISTENTŐL A SZÍVED
MÉLYÉBŐL.

CSÜTÖRTÖK

Áhítat: 6. Hét

IMÁK

Zsidók 11:20

„*Izsák is a hite által nézett a messzi jövőbe, amikor megáldotta a fiait, Jákóbot és Ézsaut.*"

ELMÉLKEDÉS

A szilárd hitről szóló beszámolók közepette nehéz arról olvasni, hogyan csapta be Jákób Izsákot. A család minden egyes tagja szerepet játszott a konfliktusban, amely végül szakadáshoz, viszályhoz és haraghoz vezetett. Jákóbnak távoznia kellett, hogy mentse az életét Ézsau fenyegetéseitől, és sosem láthatta viszont az anyját.

Azonban Isten gondviselését még ebben a csalódást keltő történetben is felismerhetjük. Isten most sem hagyta cserben a népét, habár ők cserben hagyták Istent. Megint csak Isten jelenik meg hősként: segítségükre siet és megvédi kiválasztottait.

Isten megígérte, hogy Jákób fogja örökölni az áldást. Izsák még a csalódása után is hitt Isten ígéretében: abban a hitben áldotta meg Jákóbót, hogy ő Ézsau. Izsák hitt abban, hogy Isten teljesíti a leszármazottainak tett ígéretét. Izsák akkor is a hitéről tett tanúbizonyságot, amikor megáldotta Ézsaut, habár az ő megáldása a Jákóbnak szóló áldást szilárdította meg. Amint később láthatjuk, Izsák, megtudva, mi történt, ismét megáldotta Jákóbot, és elküldte, hogy keressen feleséget, és így folytatódjék az Isten által Ábrahámnak tett ígéret megvalósulása.

Isten akkor is képes használni minket, amikor kudarcot vallunk. Bármennyire is tönkrement az életünk, Isten a múltunkat is fel tudja használni arra, hogy mások Hozzá térjenek. A konfliktusainkat képes áldássá formálni, és békét tud teremteni az összetört kapcsolatokban. Jóvá tudja tenni és helyre tudja hozni bármelyik kudarcot, akármilyen súlyosnak látszik is. Ő az, aki helyreállít. Ő az, aki az összetört életű emberek által fényt tud hozni a sötétségbe. Még a hithősök kudarcai is le vannak jegyezve, így ezeken keresztül megismerhetjük Isten igazi természetét. Ő megszabadítja, helyreállítja és újjáépíti a legösszetörtebb szíveket, kapcsolatokat, közösségeket és nemzeteket is. Bízhatunk Őbenne. Akkor is, amikor elbukunk.

IMA

Mennyei Atyám, hiszem, hogy Te vagy az, aki újjáteremt. Még a legsúlyosabb helyzetet is rendbe tudod hozni. Uram, megvallom bűnömet és azt, hogy megingott a bizalmam Tebenned. Segíts, és vezess engem a Te igazságodban; állíts helyre, ha elbukok. Ámen.

PÉNTEK

1 Mózes 28:1–9

28 Ezért Izsák hívatta Jákóbot. Megáldotta, majd ezt parancsolta neki: „Fiam, ne a kánaániak leányai közül vegyél magadnak feleséget! 2 Készülj fel, és menj Paddan-Arámba,[a] keresd fel anyai nagyapád, Betúél családját! Onnan vegyél feleséget magadnak: anyád bátyjának, Lábánnak valamelyik leányát!

3 Áldjon meg téged a Mindenható:[b] szaporítsa és sokasítsa meg utódaidat, hogy népek sokaságának atyjává tegyen téged, 4 adja neked és utódaidnak Ábrahám áldását, hogy örököld a földet, amelyet Isten Ábrahámnak adott, s amelyen jövevény voltál!"

5 Ezután Izsák elküldte Jákóbot, aki útnak indult. Hosszú utazás után Paddan-Arámba érkezett, ahol felkereste az arám Betúél fiát, Lábánt, Rebekának — Jákób és Ézsau anyjának — bátyját.

6 Ézsau is megtudta, hogy Izsák megparancsolta Jákóbnak, hogy ne a Kánaániak leányai közül válasszon feleséget, majd megáldotta és elküldte Mezopotámiába, hogy onnan nősüljön, 7 Jákób pedig engedelmeskedett apjának és anyjának, és elment Mezopotámiába. 8 Azt is megértette Ézsau, hogy apjának nem tetszik, hogy ő kánaáni nőket vett feleségül. 9 Ezért meglátogatta Izmáelt, Ábrahám fiát, és feleségül vette — meglévő két felesége mellé — Izmáel leányát, Mahalatot, Nebajót húgát.

PÉNTEK

OLVASD EL:
1 Mózes 28:1–9

IMÁK:
1 Mózes 28:3–4

Igevers

MÁSOLD LE A
NAPI IGEVERSEKET
A BIBLIÁDBÓL.

Megfigyelés

JEGYEZZ FEL
EGY-KÉT MEGFIGYELÉST
AZ IGESZAKASZBÓL.

Átültetés

ÍRJ LE EGY-KÉT
GONDOLATOT, AMIT
AZ OLVASOTTAKBÓL
ÁTÜLTETHETSZ A
GYAKORLATBA.

Köszönet / Kérés

KÖSZÖND MEG
ISTENNEK, AMIT MA
TANULTÁL. / KÉRJ
ISTENTŐL A SZÍVED
MÉLYÉBŐL.

PÉNTEK

Áhítat: 6. Hét

IMÁK

1 Mózes 28:3–4

„Áldjon meg téged a Mindenható: szaporítsa és sokasítsa meg utódaidat, hogy népek sokaságának atyjává tegyen téged, adja neked és utódaidnak Ábrahám áldását, hogy örököld a földet, amelyet Isten Ábrahámnak adott, s amelyen jövevény voltál!"

ELMÉLKEDÉS

Hamarosan véget ér az Ábrahám és Izsák életéről szóló tanulmány, és bennünk élő a reménység. Ahogy Izsák történetét Jákóbé váltja fel, továbbra is azt látjuk, hogy Isten szövetséges ígérete a beteljesedés felé halad. Amikor Izsák elküldte Jákóbot Paddan-Arámba feleséget keresni, emlékeztette őt azokra az ígéretekre, amelyeket Isten Ábrahámnak tett. Ezeknek az ígéreteknek Jákób az örököse. Isten nagy néppé teszi Jákóbot, neki adja a földet, és a leszármazottjai áldássá lesznek a többi nép számára. Néhány rossz döntés nem hiúsíthatta meg Isten tervét. Továbbra is érvényben van a szövetség, amit Isten Ábrahám családjával kötött.

Ezeket a történeteket tanulmányozva nagyszerű hitpéldákat láttunk: Ábrahám kész volt feláldozni a fiát Isten parancsa iránti engedelmességből, miközben tudta, hogy Izsák örökli az ígéretet. Elhitte, hogy Isten beteljesíti, amit ígért, tekintet nélkül arra, hogy Isten mire kéri. Meddősége ellenére Sára megláthatta, hogy Isten megtartja az ígéretét és fiút ad neki. Izsák imádkozott meddő feleségéért, mert meg volt győződve arról, hogy Isten nem szegi meg az Ábrahámnak tett ígéretét. És habár nem tudta, hová megy, Rebeka elhagyta az otthonát abban a hitben, hogy Istennek van egy jobb terve az életére.

Mindig volt ugyan valami, ami fenyegette az ígéretet, de Isten továbbra is a történet főhőse, és az is maradt. Hűséges volt Ábrahámhoz és Izsákhoz is. Hű maradt a továbbiakban Jákóbhoz és leszármazottjaihoz is, beteljesítve az Ábrahámmal kötött szövetséget.

Isten sohasem tökéletességet várt el a népétől. Azt akarta, hogy Ábrahám és Izsák hitben járjanak. Tőlünk is ugyanezt várja. Nem tökéletességet kér, hanem a hitünket. Ha Jézus Krisztusba vetjük a hitünket, akkor Isten igaznak fogad el minket. Az üdvösségünkhöz mindössze a hit egyetlen lépésére van szükség. Ha a hitünket Istenbe vetjük, és elhisszük, hogy Ő uralja a körülményeinket, akkor minden nap békére lelünk az Ő jelenlétében.

IMA

Uram, vágyom hitben járni Veled minden egyes nap! Hiszem, hogy gondoskodsz mindenről, amire szükségem van. Hiszem, hogy mindig velem vagy, függetlenül a körülményektől. Abban is hiszek, hogy megtartod az ígéreteidet. Köszönöm, hogy sosem hagysz el engem, és nem vársz tőlem tökéletességet, csupán hitet. Ámen.

ELMÉLKEDŐ
KÉRDÉSEK

1. Írj listát Ábrahám és Izsák életének hasonlóságairól! Hogyan tettek mind a ketten tanúságot a hitükről? Mikor cselekedtek félelemből hit helyett?

2. A kapcsolataidban hittel vagy félelemmel cselekszel? Békét keresel és elhiszed, hogy Isten lesz a védelmeződ, ha konfliktusod támad? Miért vagy miért nem?

3. Isten tettei igazságosak? Mindenkin meg kellene könyörülnie? Miért vagy miért nem?

4. Hogyan váltott meg, épített újjá és állított helyre téged Isten a bűnből? Elhiszed, hogy képes megváltani, helyreállítani és újjáépíteni téged a jövőbeli bukásaid után is? Hogyan gyakorolhatod ma az Ő helyreállítóképességébe vetett hitedet?

5. Hogyan kér Isten arra ma, hogy hittel előrelépj? Mit kér, mit bízz rá? Hajlandó vagy azt átadni neki?

JEGYZETEK

JEGYZETEK

LÉGY TISZTÁBAN
ISTEN IGÉJÉNEK
IGAZSÁGAIVAL!

Isten szeret téged.
Még akkor is, amikor méltatlannak érzed magad, és olyan, mintha a világ összeesküdött volna ellened, Isten szeret téged – igen, téged – és egy csodálatos céllal teremtett meg.

Isten Igéje ezt mondja: „Mert Isten úgy szerette az embereket, hogy az egyszülött Fiát adta oda cserébe értük, hogy aki hisz a Fiában, az ne pusztuljon el, hanem örök életet kapjon" (János 3:16).

A bűnünk elválaszt Istentől.
Természetünknél fogva és döntéseinkből adódóan mindannyian bűnösök vagyunk, ezért el vagyunk választva Istentől, aki szent.

Isten Igéje szerint „minden ember vétkezett, és emiatt nem méltó arra, hogy Isten dicsőségében részesüljön." (Róma 3:23).

Jézus meghalt azért, hogy neked életed legyen.
A bűn következménye a halál, de a te történetednek nem kell itt végződnie! A megváltás, amely Isten ingyenes ajándéka, elérhető a számodra, és ennek oka csakis az, hogy Jézus magára vette a büntetést a mi bűneinkért amikor meghalt a kereszten.

Isten Igéje így szól: „A bűn szolgálataért járó bér a halál, Isten kegyelmének ingyen ajándéka ellenben az örök élet — Urunkban, Krisztus Jézusban" (Róma 6:23), „Isten azonban azzal mutatta meg, mennyire szeret bennünket, hogy Krisztus már akkor meghalt értünk, amikor mi még bűneinkben éltünk" (Róma 5:8).

Jézus él!
A halál nem tarthatta fogva, és három nappal azt követően, hogy testét a sírba helyezték, Jézus feltámadt, örökre legyőzve bűnt és halált. Ma pedig a mennyben él, és helyet készít az örökkévalóságra azoknak, akik hisznek Benne.

Isten Igéje szerint „Atyám házában sokak számára van lakóhely. Ha nem így volna, megmondtam volna nektek. Most elmegyek, hogy helyet készítsek a számotokra. Miután elkészítettem, visszajövök értetek, és magammal viszlek titeket, hogy ahol én vagyok, ott legyetek ti is" (János 14:2-3).

Igen, igenis TUDHATOD, hogy a büneid meg vannak bocsátva!
Csak fogadd el Jézust, mint a megmenekülés egyetlen útját...

Jézus Megváltóként történő elfogadása nem arról szól, hogy mi mit tudunk tenni, hanem sokkal inkább arról, hogy hiszünk abban, amit Jézus már régen elvégzett. Ehhez az kell, hogy felismerd saját bűnösséged, elhidd, hogy Jézus meghalt a bűneidért, és kérd a megbocsátást Jézus a kereszten érted elvégzett munkájába helyezve minden bizalmad.

Isten Igéje azt írja, hogy „Ha tehát megvallod, hogy Jézus az Úr, mert a szívedben hiszed, hogy Isten feltámasztotta őt a halálból, akkor üdvözülsz. Mert belül, a szívünkben jön létre az a hitbeli meggyőződés, amely Isten számára elfogadhatóvá tesz bennünket, és ha a szánkkal megvalljuk, amit hiszünk, akkor üdvözülünk" (Róma 10:9-10).

De hogyan néz ki ez a gyakorlatban?
Őszinte szívvel elimádkozhatod a következő egyszerű imát:

> Istenem!
> Tudom, hogy bűnös vagyok, de egyetlen napot sem akarok
> többé a Te bőséges szereteted és megbocsátásod nélkül leélni.
> A bocsánatodat kérem.
> Hiszek abban, hogy meghaltál a bűneimért és feltámadtál.
> Odaadok mindent, ami vagyok, és arra kérlek,
> hogy légy az életem Ura.
> Segíts, hogy elfordulhassak a bűntől, és Téged követhesselek!
> Kérlek, taníts meg arra, hogy mit jelent szabadságban járni,
> és a Te kegyelmedben élni, és segíts növekedni
> a Te útjaidon ahogy egyre jobban kereslek Téged.
> Ámen.

Ha most imádkoztad el ezt az imádságot, (vagy valami hasonlót a saját szavaiddal), akkor kérünk, küldj nekünk egy e-mailt az lgghungary@gmail.com címre.

Leghőbb vágyunk, hogy segítsünk neked elindulni ezen az izgalmas utazáson, amit Isten gyermekeként kezdesz el!

ISTEN HOZOTT, BARÁTOM!

A *Szeresd Nagyon Istent* szolgálat azért jött létre, hogy ösztönözze, bátorítsa és segítse a nőket az egész világon, hogy Isten Igéjét tegyék első helyre az életükben.

ÖSZTÖNZI
a nőket Bibliatanulmányain keresztül, hogy mindennapi életükben Isten Igéje legyen az első helyen.

BÁTORÍTJA
a nőket az online közösség és a személyes felelősségvállalás által, hogy járjanak Istennel naponként.

SEGÍTI
a nőket, hogy növekedjenek hitükben és hatékonyan érjenek el másokat Krisztus számára.

A *Szeresd Nagyon Istent* olyan hölgyek csodálatos közössége, akik a technológia különböző eszközeit használva felelősséget vállalnak egymás előtt, hogy rendszeresen tartanak csendességet Istennel.

Egy egyszerű Bibliaolvasó tervvel kezdjük, de a dolog itt nem ér véget.

Néhányan otthonokban és helyi gyülekezetekben jönnek össze, míg mások online kapcsolatot tartanak fent más nőkkel az egész világon. Bármilyen módszerről is legyen szó, szeretettel fogjuk meg egymás kezét míg az a közös cél lebeg a szemünk előtt: hogy Szeressük Nagyon Istent az életünkkel.

A *Szeresd Nagyon Istent* szolgálatban valódi, hiteles nőket találsz. Olyan nőket, akik nem tökéletesek, mégis Isten megbocsátott nekik. Olyan nőket, akik magukból minél kevesebbre vágynak, de Jézusból annál többre. Olyan nőket, akik arra vágynak, hogy megismerjék Isten Igéjén keresztül, mert tudják, hogy az Igazság átformál és szabaddá tesz. Olyan nőket, akik együtt többre mennek, akiket áthat Isten Igéje és akik közösségben vannak egymással.

A *Szeresd Nagyon Istent* egy 501 (C) (3) non-profit szervezet. A szolgálat anyagi hátterét felajánlások és az online Bibliatanulmányozó naplók és könyvek bevétele biztosítja. Az *Szeresd Nagyon Istent* szolgálat elkötelezett a minőségi tanulmányozó anyagok készítése mellett és abban hisz, hogy az anyagiak soha nem lehet akadálya annak, hogy bárki részt vehessen bármelyik Bibliatanulmányunkban. Minden tanulmányozó napló angol és egyéb nyelveken is teljesen ingyenesen letölthető a LoveGodGreatly.com oldalon azok számára, akik nem tudják megvásárolni. A tanulmányozó naplókat és könyveket az Amazon weboldalán meg is lehet vásárolni. Keress rá a "Love God Greatly" szavakra és megjelenik az összes tanulmányozó anyagunk. A bevételünk 100%-át arra fordítjuk, hogy támogassuk a Szeresd Nagyon Isten szolgálatot, hogy elérhessünk nőket az egész világon, és bátoríthassuk, ösztönözhessük és segíthessük őket Isten Igéjével.

KÖSZÖNJÜK, hogy te is velünk tartasz!

NEKED

Amit kínálunk

Fordítás 30+ nyelvre	Több, mint 200 ország szolgálatában
Bibliaolvasási tervek	Bibliatanulmányi naplók
Online bibliatanulmányok	Csoportok
Szeresd Nagyon Istent applikáció (csak angolul)	Szeresd Nagyon Istent Biblia (csak angolul)

Amit minden tanulmánynál megtalálsz

Heti 2-3 blogbejegyzés	Heti kihívások
Napi áhitatok	Elmélkedő kérdések minden héten
Memoriterek	Tanulmányok közti olvasási terv

Tanulmányaink

Örök szövetség	Félelem és aggodalom
Jézus a mindenünk	Jakab
János 1, 2, 3 – Ismerd meg a szeretetet	Filippi
Erőt kaptunk – Egykor és most	1. és 2. Timóteus – Megélni az evangéliumot
Félelem és aggodalom	
Feltámadt	Teljesen odaszánva
Közelebb Istenhez	Megtörve és megváltva
Boldogmondások	Kövesd a bölcsességet
Eszter – Hogy ebben a veszedelmes időben helytállj	Mindenért hálát adjatok
	Isten megbocsát neked
A szavak hatalma	Dávid
Józsué könyve – Járj győztesen	Prédikátor könyve
Igazságosan cselekedj, Őrizd meg a hűséges szeretetet, Alázatosan élj	Növekedés ima által
	Isten nevei
Hűséges szeretet	A galatákhoz írt levél
Válaszd a bátorságot	Zsoltárok 119
Isten ígéretei	Péter első és második levele
Jónás könyve – Szeresd a szeretetre nem méltókat	Közösségre teremtve
	A karácsonyhoz vezető út
Hazugság helyett igazság	A hála forrása
1. és 2. Thesszalonika – Reményteljes jövő	Isten szeret téged

Printed in the USA
CPSIA information can be obtained
at www.ICGtesting.com
LVHW011756100224
771437LV00001B/165

9 781006 589379